Robert Streit

Der letzte Franziskaner von Texas

Robert Streit

Der letzte Franziskaner von Texas

ISBN/EAN: 9783845725338

Erscheinungsjahr: 2012

Erscheinungsort: Barsinghausen, Deutschland

www.unikum-verlag.de | info@unikum-verlag.de

Printed in Germany

Bei diesem Titel handelt es sich um den Nachdruck eines historischen, lange vergriffenen Buches. Da elektronische Druckvorlagen für diese Titel nicht existieren, musste auf alte Vorlagen zurückgegriffen werden. Hieraus zwangsläufig resultierende Qualitätsverluste bitten wir zu entschuldigen.

Robert Streit

Der letzte Franziskaner von Texas

Der letzte Franziskaner von Texas.

▽

Eine geschichtliche Erzählung

von

Robert Streit, O. M. J.

▽

Mit 7 Illustrationen.

Dülmen i. W. 1907.
A. Laumann'sche Buchhandlung
Verleger des heil. Apostol. Stuhles.

Dülmen i. W.
A. Laumann'sche Buchdruckerei.

Die Fackelträger eröffneten den Zug, hinter ihnen schritten die Leichenträger, diesen folgte Pater Diaz mit dem Häuptling (S. 36).

Inhalts-Verzeichnis.

Einleitung.

Ein unsterbliches Verdienst um das Missionswerk in Texas haben sich die Franziskaner-Mönche aus den mexikanischen Missionskollegien von Queretaro und Zakatekas erworben. Die Missionen von Purisima Conception, von San José, San Juan Capistrano, San Franzisko, von Refugio, von Unserer Lieben Frau von Guadalupe, Unserer Lieben Frau de Los Pilares und viele andere sind beredte Zeugen ihres Opfermutes geworden. Daß diese ehrwürdigen Stätten heute zumeist nur noch trauernde Ruinen sind, ist nicht die Schuld der braunen Kuttenträger. Im Schweiße ihres Angesichtes, unter unsäglichen Opfern hatten sie Stein zu Stein gefügt, bis endlich das Kreuz auf der Klosterzinne stand. Mit Tränen in den Augen mußten sie später sehen, wie ihre Schöpfung vernichtet wurde. Nichts — nicht das Bitten ihrer roten Kinder in der Prärie, nicht ihr eigenes Herzblut, das alle Missionäre gern geopfert hätten — konnte ihr Werk vor dem Untergange retten.

Am 11. Juli 1794 erließ Don Pedro de Nava, Generalkommandant der nordöstlichen Provinzen Mexikos, zu denen Texas zählte, das erste Säkularisationsedikt der texanischen Indianermissionen. Auf das Drängen und Bitten der Pfarrkinder blieben die Franziskaner auf ihren Posten, bis endlich die mexikanische Regierung alle Missionen gewaltsam auflöste und säkularisierte (1813—1825). Die Kirchen wurden beraubt, die Indianer zerstreut, die Klöster geschlossen und alles Brauchbare und Wertvolle verschleppt. Der Weinberg des Herrn stand verwüstet. „Como la muerte — einsam wie der Tod", schrieb der letzte Franziskaner-Mönch von Conception in das Geburts- und Sterbe-register der Twowokanas- und Caddos-Indianer, als er auszog und die Kirche verschloß.

Dieser harte Schlag mußte am meisten das Herz desjenigen treffen, der in jener Zeit den Franziskaner-Missionen in Texas als Oberer vorstand. Es war P. José Antonio Diaz de Leon. Das Erbgut eines ehrwürdigen P. Antonio Margil, eines P. Damian Mazanet war ihm anvertraut worden. Er hatte es treu behütet. Und nun mußte er zusehen, wie unter seinen Händen alles in Trümmer zerfiel. Er war der letzte Missionsobere und der letzte Franziskaner von Texas.

Nach gewaltsamer Aufhebung der texanischen Missionen wurde P. Diaz de Leon von dem Bischof von Monterey im Jahre 1832 nach Nacogdoches geschickt. Ein schwieriger Posten. Ganz Texas war in jener Zeit in Gährung und Nacogdoches, im östlichen Texas gelegen, der Sammelplatz vieler unruhiger Elemente. In seiner Nähe lag das berüchtigte „neutrale Gebiet", der Zufluchtsort der Banditen und Verbrecher, welche mit tiefem Haß gegen die katholische Religion und gegen die katholischen Priester erfüllt waren. Diesem Haß fiel P. Diaz de Leon zum Opfer. Er wurde im November 1834 ermordet. Der Ort ist unbekannt. Einige behaupten am Trinity-River. Am meisten dürfte die Ansicht des hochwürdigen P. Parisot O. M. J. für sich haben. Im Jahre 1853, also neunzehn Jahre nach der Untat, kam derselbe auf seinen Missionsreisen auch nach Nacogdoches und verweilte daselbst längere Zeit. Nach eingehenden Erkundigungen und Untersuchungen hält er dafür, daß P. Diaz de Leon in der Nähe der Stadt Sankt Augustine, einige dreißig Meilen südöstlich von Nacogdoches, den Tod durch Mörderhand gefunden habe.

Ihm, dem letzten Franziskaner von Texas, sollen diese Zeilen gewidmet sein.

1. Der barmherzige Samaritan.

„Holla! Mann dort drüben! Seid Ihr am Leben?"

Keine Antwort.

„Sonderbar", sagte kopfschüttelnd der Reiter, indem er sich im Sattel aufrichtete. „Ich täusche mich doch nicht. Dort zwischen den Mesquite- und Kaktusgebüschen liegt ein menschliches Wesen. — Das bedeutet ein Unglück. Heilige Jungfrau von Los Pilar, steh' deinem Diener bei!"

Der Mann, welcher die Straße von Nacogdoches herübergeritten war, stieg vom Pferde und band es an einen der verkrüppelten Mesquitebäume, die schief und krumm, wie eine Reihe schlaftrunkener Wachposten, längs des Weges standen. Dennoch war es eine nicht unangenehme Abwechselung zur öden Grasfläche, die sich zu beiden Seiten der Straße nach Norden und Süden hin erstreckte, bis zum fernen Horizonte, wo Himmel und Erde ineinander verschmolzen. Der Reiter näherte sich dem Gebüsch, und vorsichtig teilte er die Zweige auseinander. Da lag vor ihm ein Mensch regungslos am Boden. Er beugte sich über ihn, rief und rührte ihn leise an. Ein schmerzliches Stöhnen war die Antwort.

„Gute Madonna!" seufzte der Reiter. „Da ist guter Rat teuer. Kein Tröpfchen Wasser mehr in der Flasche, und keines hier zu finden weit und breit." Er blickte hilfesuchend umher. Ringsum die große, weite Prärie. Träge und schwül lastete die zitternde Sonnenglut auf der braunen Grasfläche. Kein Laut störte die Einsamkeit. Kein Lüftchen kümmerte sich um die gelben oder roten und blauen Blüten, die sonst so willkommenen Gespielinnen auf schwankendem Stengel.

Wieder richtete der Mann seinen Blick auf den Verwundeten, der leise am Boden ächzte und stöhnte. Dicke Blutstropfen sickerten aus dem ledernen Rockärmel, und sie färbten die dürren Grashalme dunkelrot. Der Kranke mußte am Arm oder an der Schulter verwundet sein. Auch das Gesicht war arg mitgenommen. Die Haut war stellenweise geschunden, der lange schwarze Bart zerrauft. Die rechte Hand umklammerte krampfhaft ein blutiges Bowiemesser, die linke preßte sich auf die Herzseite.

Der Reiter kniete nieder, um den Bewußtlosen etwas aufzurichten, aber entsetzt prallte er zurück. Ein Schreckensruf entfuhr seinen Lippen: „Indianer!" Der Scheitel des Fremden war eine Wunde. Durch einen Kreisschnitt war die Kopfhaut vom Schädel abgetrennt worden. Kein Zweifel, die Indianer hatten den Mann skalpiert.

„Arme Seele!“ flüsterten mitleidsvoll die Lippen des Reiters. „Sie haben dir arg mitgespielt. — Doch keine Zeit ist da zu verlieren; ich muß Wasser haben. — Halt, ich glaub’, da ist noch etwas Meßwein.“

Rasch sprang er hinüber zu seinem Pferde und griff in die weiten Satteltaschen. Aus dem kleinen Fläschchen goß er dann dem Kranken einige stärkende Tropfen zwischen die blutigen Lippen in den Mund.

„Bis zum Naches mag’s eine gute halbe Stunde sein“, rechnete er. „Das macht also eine Stunde hin und zurück. Es muß gehen. Holla, Rosa! Du bist zwar müde, aber es gilt ein Menschenleben, und vielleicht — heiliger Vater Franziskus, steh’ mir bei — vielleicht auch ein Seelenleben“, fügte er bei, einen mitleidvollen Blick auf den Mann am Boden werfend. „Rosa, greif aus.“

Das kluge Tier spitzte die Ohren. Es war, als verstände es die Worte und seine Aufgabe. Kaum saß der Reiter im Sattel, so flog es wie ein Pfeil über die Straße hin. —

„Jesus, Gnade und Barmherzigkeit für diese Seele!“ kam es von Zeit zu Zeit wie ein Stoßgebet über die Lippen des Reiters. Daran erkennen wir den seeleneifrigen Missionär, den Pater José Antonio

Diaz.[1]) Am frühen Morgen hatte er heute die braune Kutte geschürzt und war zu Pferde gestiegen, um seine lieben roten Kinder drunten bei St. Augustine zu besuchen. Alljährlich pflegte er solche Missionsreisen zu den Indianern, welche ehemals zur Mission Unserer Lieben Frau de Los Pilares[2]) gehörten, zu unternehmen. Besonders waren es die Addays gewesen, welche sich um jene Mission angesiedelt hatten. Aber wie viele andere Stationen war auch sie aufgelöst worden, und die zu ihr gehörenden Indianer waren in die Wälder und in die Prärien zurückgekehrt. Ach, und das alte Geschlecht, das den Unterricht der wackeren Mönche genossen, war am Aussterben, und heranwuchs ein neues verwildertes Volk. Das Unkraut des blinden Heidentums mit seinen blutigen Greueln begann wieder über die Herzen zu ranken, wie der Efeu über die zerstörten Missionskirchen. Pater Diaz suchte zu retten, was noch zu retten war.

Nach Verlauf einer Stunde stand der Missionär wieder neben dem Verwundeten. Noch immer war derselbe ohne Bewußtsein. Als aber das frische Wasser kühlend Stirn und Wangen benetzte, seufzte er tief auf. Behutsam wusch dann der Missionär den blutigen Mund rein und befeuchtete die brennende Zunge mit Wasser, das er mit etwas Wein vermischt hatte. Einige Minuten verstrichen. Langsam kehrten dem Verwundeten die Sinne zurück. Er schlug die

Augen auf, aber sie irrten wirr umher, verständnislos für die Außenwelt und für den Mann, der am Boden kniete und bemüht war, das Blut zu stillen.

„Wasser“, stöhnte der Verwundete, und schloß dann wieder die Augen. Der Missionär reichte es ihm, und der Kranke wurde ruhiger. Jetzt holte der barmherzige Samaritan aus der Satteltasche einen kleinen Schwamm, tauchte ihn in das Wasser, und begann das Gesicht des Mannes von Staub und Blut zu reinigen. Seltsam getroffen zuckte er aber zusammen, als er eine große Narbe erblickte, die quer über die linke Stirnseite des Kranken sich hinzog. Er hielt in seinem Liebeswerke inne und betrachtete aufmerksam die Züge des fremden Mannes.

„Großer Gott“, murmelte er, „welche Ähnlichkeit! — Das ist José Orreko, der Verräter und Brandstifter unserer Mission am Jacinto.“ [3]) Er ließ die Hände sinken und starrte auf den Verwundeten. Eine gewaltige Aufregung bemächtigte sich seiner. Wie ein Gefühl der Abneigung und des Abscheues wollte es in seiner Seele aufkeimen und ihn bewegen, diesen Mann sich selbst und seinem Schicksal zu überlassen. Aber nur einen Augenblick zögerte er. Dann erhob er seine Augen zum Himmel, und seine Lippen beteten: „Tuet Gutes denen, die euch hassen; betet für die, die euch verfolgen und beleidigen, auf daß ihr Kinder des himmlischen Vaters seid, der seine Sonne aufgehen läßt über Gerechte und Ungerechte! — Herr, Du hast es befohlen, verzeihe mir armen Sünder." Und noch eifriger als bisher fuhr er fort, den Verwundeten zu verbinden. Aus Baumzweigen und weichem Präriegras bereitete er im Schatten eines Mesquitebaumes ein Lager. Hierhin bettete er behutsam den Kranken, um ihn vor den glühenden Sonnenstrahlen zu schützen. Dann begann er von neuem die heiße Stirne des Bewußtlosen zu kühlen.

Wieder schlug der Mann die Augen auf. Diesmal war der Blick fest und bestimmt. Die Erinnerung an das Vorgefallene erwachte in seiner Seele, und was jetzt aus den fiebernden Augen leuchtete, war wie wilde Wut und Verzweiflung. Er ballte die Fäuste, und ein Fluch entfuhr den bebenden Lippen: „Ha, die roten Hunde!"

„Regt Euch nicht auf", sagte leise der Missionär.

„Mann, wer seid Ihr?" Ein durchbohrender Blick richtete sich auf den Mönch.

„Ihr dürftet mich wohl kennen, José!" —

Einen Augenblick herrschte tiefe Stille. Nur das Auge des Kranken flackerte wilder und wilder. Ein Wutanfall packte ihn. „Was wollt Ihr von mir?" rief er. „Ihr seid einer von den braunen Mönchen. Seid Ihr gekommen, um mich zu quälen? Fort mit dir, braune Kutte! Ha, ha! Meint Ihr, ich müßt' sterben. Die Indianer . . . träume ich . . ." Der

„Wasser", stöhnte der Verwundete, und schloß dann wieder die Augen (S. 13).

Kranke wollte sich erheben, aber laut aufstöhnend sank er auf die Erde zurück. „Nein, ich träume nicht. O mein Kopf, mein armer Kopf! Wie brennt das Feuer! — Feuer?!“ — Wie ein Fieberfrost durchschauerte es den Kranken, und der Missionär seufzte: „Herr, gib Frieden dieser armen Seele“ ... „Feuer in der Mission — Feuer im Kopfe — Feuer in der Hölle — höre, Mönch: ich will nicht sterben. Nein, ich will nicht. Hast du mir mein Sündenregister gebracht? Her damit. Wir wollen's zerreißen und dann scher' dich fort. Mir tun die Augen weh, braune Kutte, wenn ich dich sehen muß. Fort, schnell fort! Weißt du, der Kapitän ... Ha, stirb, Mönch. Ich muß dich töten. Wo ist mein Messer ...“

„Bleibt ruhig, José“, bat der Missionär, und sanft drückte er den fiebernden Kranken auf das Lager zurück. „Orreko ...“

„Ich heiße nicht José und heiße nicht Orreko“, rief der Kranke. „Mein Name ist Melton. Das kann Euch jeder Waldläufer zwischen dem Colorado und der Sabine sagen.“

„Hier mögt Ihr jetzt heißen, wie Ihr wollt“, antwortete ruhig der Missionär. „Aber am Jacinto habt Ihr Orreko geheißen und Eure Mutter ließ Euch auf den Namen José taufen. Kennt Ihr mich noch?“ Bei diesen Worten des Mönches schien es, als wäre dem Kranken mit einem Male alles Blut aus den fiebergeröteten Wangen gewichen. Totenbleich stierte er auf den Sprecher. Dann seufzte er tief auf: „Ihr seid Pater Diaz! — O Gott, Du bist gerecht!“ Erschauernd schloß er die Augen.

„Ich bin es“, flüsterte der Missionär, indem er sich liebevoll über den Kranken beugte. „José, Gott ist auch gütig. Deshalb ließ er mich Euch hier finden. Dreißig Jahre mögen's her sein, daß wir uns das letzte Mal gesehen, und daß ich Euch diese Stunde voraussagte. Nun ist sie da.“

Der Kranke nickte mit dem Kopfe, und der Missionär fuhr fort: „Damals, José, wart Ihr noch der angesehene Sohn des spanischen Kommandanten am Jacinto, und heute seid Ihr namen- und heimatlos. — Mein Gott“, sagte leise der Pater für sich hin, „welch ein Glück war ihm von Deiner Vorsehung beschieden worden, und wie hat er's vergeudet!“

„Gottes Hand hat mich getroffen“, stöhnte der Kranke. „Vaterlos machte ich den Indianer, und seine Kugel sitzt mir nun im Herzen.“ Er wollte weiter sprechen, aber ein roter Blutstrom quoll aus dem Munde, und mit schmerzlichem Stöhnen preßte er die Hand auf das Herz. Rasch sprang der Missionär hinzu und trocknete das Blut auf. Dann reichte er ihm den Becher mit Wasser.

Ein dumpfer Donner rollte am fernen Horizonte. Besorgt blickte der Missionär in die Prärie hinaus.

Im Südwest sammelten sich gelbliche Wolken, und die drückende, schwüle Luft geriet in Bewegung. „Ein Gewitter zieht herauf", sagte der Pater. „Wir können hier nicht bleiben. Wir müssen zum Waldufer des Naches hinüber. Eine gute halbe Stunde ist es bis zur alten Felsenhöhle. Nun, es wird gehen. Ehe das Gewitter zum Ausbruch kommt, kann ich ihn geborgen haben."

Er führte das Pferd herbei und half dem Verwundeten behutsam hinauf. Während er mit der Linken den Kranken unterstützte, lenkte er mit der Rechten den Zügel. So ging es langsam dem waldigen Flußufer zu.

Unterdessen rückte auf Sturmflügeln das Gewitter näher und näher hinter ihnen her. Im Zickzack huschten die feurigen Gewitterschlangen in dem schwarzgrauen Gewölk, und dumpf rollten die Donnerschläge über die weite Prärie wie eine Aufforderung zur gewaltigen Schlacht. Gleich Vorboten eines großen Kriegsheeres jagten die Wolken vorüber und verdunkelten den Himmel, während ein scharfer Windstoß die Straße entlang fuhr, den Staub hoch aufwirbelnd. Als aber die ersten, schweren Wassertropfen niederfielen, schritt der barmherzige Samaritan neben seinem Kranken bereits unter dem schützenden Blätterdach der Waldbäume.

2. Das Geständnis eines Sterbenden.

An dem waldigen Uferlande des Naches erhob sich ein verwittertes Felsgestein. Moos und Schlingpflanzen aller Art hatten es reichlich überwuchert, und einige verwegene Tannenbäumchen waren allmählich über den steinigten Rücken des Hügels geklettert. Sie hatten genügenden Boden gefunden, und mit den Jahren waren die kleinen Bäumchen zu einem kräftigen Waldgeschlechte ausgewachsen, das sich würdig und ebenbürtig den graubärtigen Waldriesen am Fuße des Felsens anschloß. Wo zwei derselben sich an die Hügelwand lehnten, trat das Felsgestein in der Mitte in weitem Bogen zurück, und wenn man dieser Erweiterung nach innen folgte, gelangte man zu einer Höhle, die durch das dichte Gestrüpp und Gebüsch ziemlich verborgen war. Hier war es, wohin Pater Diaz den Verwundeten vor dem Unwetter gerettet, und wo er ihn auf ein weiches Mooslager niedergelegt hatte. Von der Anstrengung des Rittes und durch den Blutverlust geschwächt, war letzterer von neuem in Ohnmacht gefallen. Der Pater benetzte ihm Stirn und Schläfen mit kühlendem Wasser, und allmählich kam der Kranke wieder zu sich. Eine Veränderung war aber inzwischen in ihm vorgegangen. Das wilde Feuer erregter Leidenschaft war aus den Blicken geschwunden, und ein besseres Gefühl leuchtete aus ihnen, als sie jetzt den Missionär streiften, der sorgend am Boden kniete. In der Höhle herrschte tiefe Stille. Draußen aber raste das Unwetter durch den Wald. Seine ganze Wut, deren es wohl nur in jenen heißen Gegenden fähig ist, hatte es entfesselt. Blitz und Donner mischten sich durcheinander, und der Regen fiel in Strömen nieder. Unwillig knirschten die Waldriesen vor der Felshöhle und neigten ächzend ihre mächtigen grünen Arme.

„Santo Padre", hub der Kranke an. „Verzeiht mir mein Benehmen von soeben —"

„Still, José, still", fiel ihm der Missionär ins Wort. „Ich weiß nichts mehr davon." Aber der Kranke schüttelte mit dem Kopfe und sagte:

„Laßt mich sprechen, Padre. Ich habe viel auf dem Herzen, und mein Weg zur Ewigkeit ist gemessen." Einige Augenblicke schwieg er jetzt, als wollte er sich zu dem, was er zu sagen beabsichtigte, sammeln. Dann begann er:

„Gott ist gerecht und seine Hand hat mich erreicht. Ihr, Padre, habt es mir vorausgesagt. Ich wollte es Euch nicht glauben, und verspottete Euch. Ihr wißt, wo und wann das geschehen. Ja, es war damals, als wir uns zum letzten Male am Jacinto sahen. O, als Ihr vorhin meine Mutter nanntet, da hat es mich tief in die Seele getroffen. An jenem Tage habe ich sie auch zum letzten Male gesehen. Und in jener Stunde, auf ihrem Sterbebette, sagte sie mir ein Wort, das ich nie vergessen konnte, wie gern ich es auch manchmal vergessen hätte. Es ließ mir keine Ruhe. Immer hat's da in meinem Innern getönt, und mir zur beständigen Qual hab' ich's die langen Jahre hindurch mit mir herumtragen müssen. Hört:

Wie oft warnte mich die gute Mutter vor den schlechten Kameraden — Ihr kanntet ja einige davon — und vor der Spielwut, der ich mich mit blinder Leidenschaft ergeben hatte. Aber ich hatte taube Ohren, und spielte weiter und weiter, bis mich die Gegner vollständig in ihren Händen hatten. Es gab für mich nur ein Entweder — Oder. Entweder dem Geheimbund der Kameraden beitreten, oder öffentlich gebrandmarkt, mit Schimpf und Schande beladen zu werden. Was sollte ich wählen? Mein Stolz und mein falsches Ehrgefühl verboten mir letzteres, und ich wählte das erstere: ich wurde Mitglied ihres Geheimbundes, das heißt: ein Bandit und Räuber."

Der Kranke seufzte und hielt inne. Nach einigen Minuten fuhr er fort:

„Ihr habt ohne Zweifel schon von dem ‚Lord von Galveston‘[4]) gehört. Wir nannten uns seine Nachfolger. Zunächst blieb meine Verbindung mit ihnen eine geheime. So wollte es der Kapitän. Er ist bekannt in ganz Texas unter dem Namen ‚Red-Jack‘ (Roter Hans). Nach außen hin war und blieb alles wie früher; nur stand ich unter dem geheimen Kommando des Kapitäns und auch unter seiner Kontrolle. Ich war leichtsinnig und setzte mich über alle Vorwürfe des Gewissens hinweg. Anfangs bemerkte ich auch gerade nichts Schlechtes; man schonte mich. Aber es kam die Stunde, wo ich auf Befehl den ersten Mord vollziehen sollte. Er ward mir befohlen, und ich hatte den traurigen Mut, zu gehorchen. Ihr erinnert Euch vielleicht noch an den deutschen Pflanzer, Mister Steffens. Er war der Rache unseres Geheimbundes verfallen, und ich wurde der Vollstrecker derselben. Niemand ahnte, wer der Mörder gewesen, und ich trug die Stirne hoch. Doch ich täuschte mich. Das Auge meiner Mutter las in meinen Blicken etwas, das wie Schuld aussah. Wohl bemerkte ich, daß sie in einsamen Stunden weinte und betete. Aber das alles rührte mich wenig. Ich sah, wie ihr Haar ergraute, und wie sich tiefe Falten in ihre Stirne gruben, aber mein Herz war zu Stein geworden. — O Mutter, Mutter! Was hast du durch dein Kind leiden müssen! O vergib, vergib mir.“

Der Mann schluchzte laut auf und preßte die Hände vor das Gesicht.

„Doch hört weiter. Es war an dem nämlichen Morgen, an welchem der Anschlag gegen die Mission ausgeführt werden sollte. Schon längst hatte ja de Nava das Edikt gegen die Mönche erlassen, und von seiner Seite war für uns nichts zu fürchten. Eure getauften Indianer ließen Euch jedoch nicht fort, und mit der Zeit wurdet Ihr unsern Plänen hinderlich. Die Zerstörung der Mission war also für uns beschlossene Sache. Seit langem gelüstete es die heidnischen Komanchen nach den Schätzen Eures ‚store house‘ (Warenlagers). Wir wurden mit ihnen handelseinig. Ich sollte den Judas spielen und die Türen beim Überfalle öffnen.

Meine Mutter lag seit Wochen darnieder. Am Morgen desselbigen Tages nun, an dem die Mission überfallen und ausgeraubt werden sollte, ließ sie mich rufen. Ihr sterbender Blick schaute mir ins Auge. Diesen Blick konnte ich nicht ertragen und ich wandte mich weg. Da ergriff sie meine Hand, zog mich an sich und flüsterte: ‚José, mein lieber José! Was stört den Blick deines Auges? Welche Schuld lastet auf deiner Seele?‘ — Ich fand keine Antwort. Weinend warf ich mich vor ihrem Bette nieder und vergrub mein Gesicht in ihre Hände. — ‚José, mein Kind‘, hauchte ihr Mund, und ihre Lippen preßten sich auf meine Stirne. ‚Werd' wieder gut. Geh' zum Priester ... Mein Gott, es geht zu Ende ...' ‚Ja, Mutter, ja', rief ich in meinem Schmerze. Aber es war nicht aufrichtig gemeint. Sie starb, und ich beging den Verrat.

Jetzt ging es schnell bergab mit mir auf dem Wege des Lasters, immer tiefer hinein in Raub, Blut und Mord." Der Kranke schauerte zusammen.

„Was nun in den dreißig langen Jahren folgte, war ein Verbrecherleben. Bald nach dem Überfall der Mission wurde ich flüchtig und ging vollständig zur Bande über. Ich änderte meinen Namen, denn es war ein spanischer, und als solcher ein in Texas verhaßter. Das Eiland von Galveston wurde unser Hauptquartier. Von hier durchkreuzten unsere Spione und Waldläufer das ganze Land von Rio Grande bis zur Sabine, und um des Vorteils willen kämpften wir unter allen Farben ..."

Ein heftiger Hustenanfall unterbrach ihn. Dann sagte er mit matter Stimme:

„Es geht mit mir zu Ende. Ich muß mich eilen. Hört weiter. Unser Haß sollte auch Euch und Eure Freunde von Nacogdoches treffen. Ihr seid mit ihnen dem Tod durch Mörderhand geweiht. O, hätte Gott nicht diesen meinen Arm gelähmt, vielleicht hätte er Euch den Dolch ins Herz gestoßen. Padre, könnt Ihr mir verzeihen?"

„Alles, José, alles, so wie Euch Gott verzeihen wird", erwiderte der Missionär fest und bestimmt.

„Habt Dank. Wir hatten seit einiger Zeit drüben im neutralen Gebiete[5]) unser Lager aufgeschlagen, um von dort aus die Expeditionen von den Vereinigten Staaten zu überfallen und auszurauben. Euer Wirken in Nacogdoches und unter den Indianern war uns ein Dorn im Auge. Am Jacinto wurdet Ihr dazumal aus verschiedenen Gründen verschont; wir hofften, Ihr würdet Texas für immer verlassen. Ihr kamt nach Nacogdoches zurück, und deshalb seid Ihr dem Tode verfallen. Ein jeder von uns hat sich verpflichtet, Euch zu töten, wo immer er Euch begegnet. O Padre, rettet Euch. Fliehet, so schnell Ihr könnt. Laßt mich allein hier sterben. Keiner kann Euch retten. Ach, vielleicht ist man Euch schon auf den Fersen. Hört! Hört Ihr nicht draußen das Geräusch?"

„Seid ohne Sorge um mich, José", antwortete ruhig Pater Diaz. „Draußen fällt ein Gewitterregen, und ich bin in Gottes Hand. Ich werde auf dem Posten bleiben, den mir mein Bischof anvertraut hat. Nur der Tod wird mich von dieser Pflicht ablösen. Aber was haben meine Freunde in Nacogdoches Euch getan?"

„Kolonel Bean hat unsern Kapitän irgendwo schwer beleidigt, und dafür soll ihn blutige Rache treffen. Mister Allen leitet eine Expedition von Natchitoches aus den Vereinigten Staaten nach Nacogdoches herüber. Dieser Tage muß er den Sabine-Fluß kreuzen. Bei dieser Gelegenheit soll er überfallen, geplündert und ermordet werden. Um in der Öffentlichkeit den Verdacht von uns abzulenken, hatten wir uns mit einer Bande Tschirokesen [6]) verbunden. Aber dadurch luden wir uns die Kichis auf den Hals, denn beide Stämme sind miteinander auf dem Kriegspfade. Heute morgen wurden wir von einer Bande Kichis [7]) überfallen. Mein Pferd stürzte; ich muß zur Ewigkeit. Möge Gott meiner sündigen Seele gnädig sein."

„Verzweifelt nicht an seiner Barmherzigkeit", sagte tief ergriffen Pater Diaz, indem er des Kranken Hand erfaßte. Ein neuer Hustenanfall erschütterte die röchelnde Brust des Mannes. „Seht, José, er wollte Euch nicht ohne Priester sterben lassen. Deshalb ließ er mich Euch, wie von ungefähr, in der Prärie finden. Faßt herzliche Reue über Eure Sünden, das andere überlasset Gott dem Herrn."

Ein Strom von Tränen stürzte aus den Augen des Sterbenden. „O wie schmerzt mich mein sündiges Leben; es ist ein verfehltes gewesen. Schon längst war es mir zur Qual geworden, aber für mich gab es keine Umkehr mehr. O Mutter, bitte du für dein verlorenes Kind."

„Sie hat Euch die Gnade einer guten Sterbestunde erfleht."

„Ja, ja", flüsterten die Lippen des Kranken, „sie hat für ihren José gebetet."

Mit aufrichtigem Reueschmerz bekannte der Sterbende dem Priester, der sich liebe- und mitleidsvoll zu ihm niederneigte, seine Sünden, und kaum hatte der gute Hirte die Worte des Friedens und der Verzeihung über das Schäflein, das verloren und wiedergefunden war, gesprochen, als sich der Todeskampf einstellte. Wieder glaubte sich der Mann am Sterbebette seiner Mutter, wieder weinte er wie damals und lispelte sein Mund: „Da bin ich, dein José! Kennst du ihn, liebe Mutter, nicht mehr? — Ach, weh! weh! Ich habe unschuldig Blut vergossen. Mutter, deine Augen haben es in den meinen gelesen . . . meine Schuld . . . o schaue mir nicht so in die Seele . . . ich habe die Unschuld nicht mehr. . . . Ja, ja, ich verspreche es dir. O bitte du für mich . . . ich bereue . . . Mutter, ich komme. . . . O Gott — Gott — Gnade . . ."

Stille war es jetzt in der Felsenhöhle geworden. Der Sterbende hatte ausgelitten. Draußen strömte der erfrischende Gewitterregen nieder. Pater Diaz kniete erschüttert am Totenlager. Durch die zitternden Hände des Mönches glitten die Rosenkranzperlen und seine Lippen beteten von Zeit zu Zeit: „Herr, gib ihm die ewige Ruhe, und das ewige Licht leuchte ihm. Herr, laß ihn ruhen in Frieden. Amen."

3. Das Kreuz im Walde.

Das Unwetter war vorübergezogen. Der Regen hatte aufgehört. Im fernen West verglühte ein blutigroter Feuerbrand, die untergehende Sonne. Ihre letzten leuchtenden Strahlen warf sie in die enteilenden Wolken hinein, und über das graue Wolkengewühl, wie einen Gedanken an die Ewigkeit über dem ringenden und kämpfenden Leben, zauberte sie den farbigen Regenbogen, das Zeichen tröstlicher Hoffnung. Und von der Erde flammte und blitzte es auf in den Tausenden und Millionen von Wassertröpflein, die wie bräutlicher Schmuck an den unzähligen Blüten und Blättern hingen. Ach, nur eine kurze, irdische Herrlichkeit! Der strahlende Lichtquell ging unter, und schnell erloschen die hellen Wassersternlein, eines nach dem andern. Im Walde wurde es dunkel — kalt und dunkel wie in einer Seele, aus der Gottes Gnade und Liebe entschwunden.

Aber dies alles fühlte und bemerkte der Mann nicht mehr, der stumm und regungslos auf dem Mooslager in der Felsenhöhle ausgestreckt lag. Seine Hände waren wie zum Gebete vorn auf der Brust gefaltet, und aus seinem bleichen Gesichte blickte es wie verklärender Schimmer der Ewigkeit — ein Zeichen, daß dieser Mensch, was er auch immer in seinem Leben gewesen war, vor seinem Ende um Gnade gefleht und Gnade gefunden hatte.

Neben der Leiche kniete der Mönch und hielt die Totenwacht. Wohl ebensowenig wie sein stiller Nachbar hatte er dem Lobgesang gelauscht, den draußen, nach überstandener Not, die Natur dem großen Schöpfer angestimmt. Noch immer glitten die Perlen des Rosenkranzes durch die Hände des in sich und Gott versunkenen Beters. Nichts störte die feierliche Totenstille. Selbst das Feuer in der Ecke der Höhle hatte zu flackern aufgehört. Es war zur Glut geworden, und mit rötlichem Schein umspielte sie die beiden schweigsamen Männer. Nur wenn ein frischer Windhauch hereinzog, wurde sie aus der schwarzen Aschenkruste hervorgeweht, sie plinzelte dann mit feurigem Blick in der Höhle umher und hinaus in den dunklen Wald.

Das mochte es wohl auch gewesen sein, was den seltsamen Besucher herbeigelockt hatte, der nun schon eine Weile am Eingang der Felsenhöhle stand und verwundert die schwarzen, glänzenden Augen auf das ernste Bild gerichtet hielt.[8]) Noch schärfer und größer hoben sich bei dem düsteren Feuerschein die Umrisse seiner hohen Gestalt von dem dunklen Hintergrunde ab, welchen der mächtige Wald bildete, noch tiefer gebräunt nahm sich die bronzene Hautfarbe seines Gesichtes aus. Das Haupt war unbedeckt, das lange, pechschwarze Haar zu einem helmartigen Schopfe, welcher es zusammenfaßte und über den Nacken fallen ließ, aufgewunden. In dem Haarwust steckten zwei Adlerfedern, das Zeichen der Häuptlingswürde. Um den Hals wand sich das Wampa, eine Kette, die aus Krallen von allerlei Raubtieren zusammengefügt war. Vorn auf der nackten Brust trug die Kette eine große, kupferne Medaille mit dem Bildnis der lieben Mutter Gottes. Die Brust war frei, und auf derselben war mit einer bläulichen Flüssigkeit das Bild eines Wiesels eingeätzt worden. Der Anzug des Indianers bestand aus den ausgefransten Leggins (Beinkleider), den ledernen, mit Stachelschweinborsten besetzten Mokassins (Schuhe) und aus einem breiten, mit blinkenden Knöpfen besetzten Gürtel, an welchem die aus heiligem Ton geschnitzte Friedenspfeife und der Tabaksbeutel hing. Die Hände auf das doppelläufige Gewehr gestützt, hochaufgerichtet, stumm und starr, stand der Indianer vor der Majestät des Todes, welche er hier schaute.

Recht ernste Gedanken mußten es sein, welche den betenden Mönch beschäftigten. Er seufzte einige Male tief auf, und seine Hand fuhr über die gefurchte Stirne, als sollte sie dort lästige Besucher verscheuchen. Jetzt blickte er auf.

„How! how!“ rief der Indianer vom Eingang der Höhle her. „Das Herz des Beters ist betrübt!“

Pater Diaz erhob sich und reichte dem Sprecher die Hand.

„Wumpantomie (d. h. weißes Wiesel) ist willkommen. Der Große Geist sendet ihn zur rechten Zeit. Das Auge Wumpantomies, des großen Häuptlings der Addays, hat recht gesehen. Das Herz des Beters ist betrübt. Es trauert wie die Prärie nach dem verheerenden Brande. Kennt Wumpantomie dies Bleichgesicht, welches der Große Geist zu sich gerufen hat?“

Der Indianer trat näher und beugte sich über den Toten.

„How! how!“ kam es wieder über die Lippen des Häuptlings. „Wumpantomie kennt es, und alle seine Krieger kennen es. Es ist eines von den Bleichgesichtern mit gespaltener Zunge. Ihr Gesicht ist zwar bleich, aber ihr Herz ist schwarz. Es ist ein Feind des Beters und der Addays . . .“

„Wumpantomie möge vergraben“, fiel ihm der Missionär ins Wort, „wie man vergräbt den Tomahawk nach dem Rauchen der Friedenspfeife, was er Böses von diesem Bleichgesichte weiß und erfahren hat. Es hat in Frieden seine Seele dem Großen Geiste zurückgegeben.“

„Das Bleichgesicht ist getötet worden“, fuhr der Indianer fort. „Der Skalp ist ihm genommen.“

„Von den roten Männern", ergänzte kopfnickend der Mönch. „Die Kichis haben es überfallen und ihm die Seele genommen."

„Das Bleichgesicht war nicht allein. Meine Krieger haben die Spur vieler Hufe gesehen."

„Es waren ihrer mehrere."

„Die Kichis sind feige Hunde, und die Addays tragen Verachtung gegen sie im Herzen. Aber dem Bleichgesichte ist recht geschehen. Auch Wumpantomie kann dasselbe und dessen Krieger nicht lieben. Sie haben den roten Männern die Beter genommen und haben die Kinder der Prärie zu Waisen gemacht. Die Beter meinten es gut mit dem roten Manne. Sie suchten ihn in der Prärie auf und versammelten ihn mit seinen Stammesgenossen bei ihren großen Steinhäusern. Sie erzählten ihm vom Großen Geiste, lehrten ihn beten und zeigten ihm die Künste der Bleichgesichter. Der rote Mann war glücklich bei ihnen. — Da kamen diese Bleichgesichter, vertrieben die Beter, zerstörten die großen Wigwams und stießen den roten Mann wieder hinaus in die wilde Prärie. Der rote Mann hat verlernt, zu beten und zu verzeihen. Er wird sich rächen."

„Wumpantomie hat zwar zum Beter die Wahrheit gesprochen", seufzte Pater Diaz, „aber seine Rede stieß ihm in die Seele, wie das Horn eines Büffels. Soll der Mensch Rache nehmen? ‚Mein ist die Rache', spricht der Große Geist. ‚Ich werde vergelten einem jeden nach seinen Werken.‘ Der Tomahawk ist das Unglück der Menschenkinder. Er ist wie das Messer der Erntesichel, das in die trockenen Halme fährt und niedermäht im Zorne, was Bosheit und Neid aussäeten. O läge er für ewige Zeiten tief unter der Erde begraben! Wie das unersättliche Feuer die Blumen in der Prärie, so vertilgt er die roten Kinder an den Flüssen von Texas. O was ist aus den roten Kindern meines Herzens geworden?! Die Taube ward zum Geier, und der stößt nieder, wo immer er etwas Lebendes erblickt; er sättigt sich am Blute seiner Brüder.“

Eine Weile schwieg schmerzlich bewegt der Missionär. Dann richtete er sein Auge wieder auf den Häuptling und frug:

„Sind meine Kinder, die Addays, noch auf gutem Wege?“

Der Indianer antwortete:

„Wumpantomie, der Häuptling der Addays, sagt es: die Addays haben den Beter und seine Lehre nicht vergessen. Die Worte des Beters waren wie goldene Maiskörner, die er ausstreute, und die Addays haben sie aufgelesen, und keines ist ihnen verloren gegangen. Die Addays verlangen, den Beter zu sehen und zu hören. Mit seinen Kriegern, die dort draußen im Walde lagern, ist Wumpantomie dem Beter entgegengezogen.“

Dankend nickte Pater Diaz. „Der Beter war auf dem Wege zu den Addays, seinen treuen Kindern. Da fand er dieses Bleichgesicht, und er wusch seine Seele. Vieles hat ihm das Bleichgesicht zu sagen gehabt, ehe es hinübergegangen ist zum Großen Geiste. Der Beter wird zu Wumpantomie sprechen. Jetzt aber muß er erst den Leib des Toten begraben. Will Wumpantomie dem Beter helfen?"

„Wumpantomie wird seine Krieger herbeirufen, und sie werden das tote Bleichgesicht in den Wald tragen."

„Gut", antwortete der Missionär, „Wumpantomie tue es."

Der Häuptling trat an den Eingang der Felsenhöhle zurück und ließ den Schrei des wilden Falken ertönen. Weithin erklang das Echo durch den stillen Wald. Kaum war es verhallt, da tauchten, wie aus der Erde gestampft, von allen Seiten dunkle Indianergestalten auf und sammelten sich vor der Höhle. Es waren die Addayskrieger.

Die Addays gehörten zu den zahlreichen Indianerstämmen, welche einst Texas bevölkerten. Aber wie so viele andere gehören sie heutzutage nur mehr der Vergangenheit an, und nur noch die Geschichte kennt ihren Namen. Die Addays waren mit den Bidays die ersten Indianer gewesen, unter denen die spanischen Franziskanermissionäre sich im östlichen Texas niederließen. Kein geringerer als der ehrwürdige P. Antonio Margil war der Mann, welcher im Jahre 1716 die frohe Botschaft des Heils zum ersten Male den roten Kindern am Naches und an der Sabine verkündete.

Die Wigwams der Addays standen damals von dem Trinity-River bis zur Sabine. Es war ein kräftiger Volksstamm, mit edler Naturanlage begabt, gewesen. Seine Krieger lauschten als die ersten des roten Volkes der Kreuzeslehre, und am längsten blühte nach Aufhebung der Indianermissionen die ausgestreute Saat in ihren Herzen.

Schweigend standen die Addayskrieger vor ihrem Häuptling. In ihrem Äußern glichen sie ihm. Kraftvoll gebaut, mit dunkler, bronzener Hautfarbe, den Oberkörper frei, das Haar in derselben Weise helmartig aufgebunden. Nur die Adlerfedern fehlten auf dem Scheitel im Haarwuste. Viele von den Kriegern waren bereits mit dem Donnerrohr der Bleichgesichter ausgerüstet. Nur wenige trugen noch die alten einheimischen Waffen, Pfeil und Bogen. Im Gürtel staken Tomahawk und Skalpmesser. Die meisten der Leute trugen auch, gleich dem Häuptling, auf der bloßen Brust die Medaille Unserer Lieben Frau von Los Pilar, ein letztes Andenken aus besserer Zeit.

In knappen Worten erteilte der Häuptling seine Befehle. Ohne weiteres Fragen wurden dieselben sofort ausgeführt. Unter einer mächtigen Schwarzeiche, unweit der Felsenhöhle, machte sich ein Teil der Krieger an die Arbeit, um für den Toten ein Grab zu bereiten. Sie zogen den scharfen Tomahawk aus dem Gürtel und warfen damit den weichen, noch etwas feuchten Waldboden nach beiden Seiten hin auf. Andere hieben unterdessen große Tannenzweige ab, die sie dann mit zähen Schlingpflanzen zu einer Art Tragbahre zusammenbanden. In kurzer Zeit waren so die Vorbereitungen zum Begräbnis getroffen, und die Krieger sammelten sich wieder am Eingang der Höhle. Es lag etwas Feierliches in dem schweigsamen Verhalten der Männer.

Auf einen Wink des Häuptlings traten vier Krieger in die Höhle und hoben den Toten auf die Tragbahre. Dann wurden dürre Baumäste, welche als Fackeln dienen sollten, am Feuer angezündet. Hell erstrahlte die Felskammer, und breite Lichtstreifen drangen hinaus zu den Waldbäumen. Die Fackelträger eröffneten den Zug. Hinter ihnen her schritten die Leichenträger; diesen folgte Pater Diaz mit dem Häuptling. Die übrigen Krieger schlossen sich den beiden an. Der Missionär stimmte eines der alten Missionslieder an, welche die Franziskanermönche den Indianer gelehrt hatten. Viele der Addays hatten sie noch nicht vergessen und fielen mit ihren tiefen Kehllauten ein. Feierlich tönte der ernste Gesang durch die stille Nacht.

Wohl verwundert mochten die alten Waldriesen auf den seltsamen Leichenzug herabgeschaut haben. Vom roten Fackelschein aus ihren Träumen geweckt, schüttelten sie die langen, moosbehangenen Äste. Und der herbstlichen Blätter Rauschen, war es Totenklage um den, der da getragen wurde? Oder war es ernste Mahnung an die, die ihn trugen? Eindringlich war ihre Sprache: „Kurz ist, wie meiner Blätter Pracht, o Menschenkind, auch deines Lebens Herrlichkeit! Alles, was hier auf Erden geboren wird zum Sein, muß wieder vergehen unter Schmerz und Weh. Und du, Mensch, darfst nichts voraushaben vor uns. Auch du mußt einmal sterben unter Schmerzen und Wehen.“

Stärker rauschten die Blätter und stärker bewegten sich die Zweige, und es pflanzte sich fort durch den Wald, von Ast zu Ast, von Baum zu Baum. Alles schien, vom nächtlichen Hauche angeregt, einzustimmen in den ernsten Sang: „Du darfst nichts vor uns voraushaben, Mensch; auch du mußt sterben einst unter Schmerzen und Wehen.“

Ängstlicher Flügelschlag flatterte hie und da durch das nächtige Buschwerk, ein Vogelschrei bei dem vorübergleitenden Fackelschein, und dann lagerte sich hinter dem Leichenzuge wieder nächtliche Stille.

An der großen Schwarzeiche hielt der Zug. Der Tote wurde in das Grab gelegt und mit grünen Baumzweigen bedeckt. Hierauf kniete Pater Diaz zu einem letzten Gebete für den Verstorbenen nieder. Stumm folgten die Indianer seinem Beispiele.

„Wenn du acht haben wolltest auf die Missetaten“, betete der Missionär, „Herr, wer könnte dann bestehen?“

„Aber bei Dir ist Versöhnung“, respondierten die Addays, „und um Deines Gesetzes willen harre ich auf Dich, o Herr. Meine Seele harret auf sein Wort.“

Dann erhob der Priester die Hand zum Segen über den Toten, und das Grab wurde zugeworfen. Auf dem kleinen Grabhügel pflanzte Pater Diaz ein schlichtes Kreuz, das die Indianer aus rohen Baumästen zusammengebunden hatten. Schweigend kehrten die Männer hierauf zu der Felsenhöhle zurück, und der aufgehende Mond warf seinen zitternden Lichtschein durch das luftige Blätterdach der Schwarzeiche auf das verlassene Kreuz im Walde.

4. Ein Spion der Kichis.

Mögen meine roten Kinder", begann der Missionär, nachdem sich die Indianer in der Felsenhöhle rings um ihn gelagert hatten, „immer auf dem Wege des Großen Geistes wandeln und seine Lehre und Liebe treu in ihren Herzen bewahren, treu wie der Sohn die Worte seines Vaters in seinem Herzen trägt. Jetzt, wo der Beter noch zu ihnen spricht, aber dann auch, wenn er einst zum Großen Geiste gegangen sein wird."

„Noch lange möge den roten Kindern der Große Geist den Beter erhalten", sagte der Häuptling. „Mögen die Sommer des Beters unter ihnen ungezählte sein."

Pater Diaz entgegnete ernst: „Die Stunde, in der der Beter zum Großen Geiste gehen wird, ist nicht mehr ferne. Will Wumpantomie seinem Vater, dem Beter, ein Versprechen geben?"

„Wumpantomie, der Häuptling der Addays, will es."

„So vernehme er, was ihm der Beter jetzt sagt: Nie soll Wumpantomie oder einer seiner Krieger den Tod des Beters an denen rächen, welche ihm die Seele vielleicht bald entreißen werden."

„Uff! Uff!" rief der Häuptling, und seine Augen blitzten. „Wer will es wagen, dem guten Beter die Seele zu nehmen?"

„Kennt Wumpantomie die Bleichgesichter mit der gespaltenen Zunge?"

„Wumpantomie kennt sie", antwortete der Häuptling, und ein düsterer Schatten legte sich auf seine Stirne.

„Nun gut", fuhr der Missionär fort, „sie werden dem Beter die Seele nehmen."

„Sie werden es nicht tun", rief Wumpantomie, indem er sich stolz aufrichtete. „Der Beter wird zu seinen Kindern, den Addays, kommen, und sie werden ihren Vater beschützen."

Die Krieger murmelten den Worten ihres Häuptlings Beifall. Pater Diaz aber antwortete:

„Die Seele des Beters liegt in den Händen des Großen Geistes. Würde Wumpantomie den Wigwam preisgeben, wenn seine Kinder, die ihm der Große Geist gegeben, in Gefahr sind?"

„Wumpantomie würde es nicht tun."

„Nun, wohlan, der Große Geist hat dem Beter auch die Seelen derer gegeben, welche in den steinernen

Wigwams zu Nacogdoches wohnen. Darf der Beter sie verlassen?"

Der Häuptling schwieg, und der Missionär fuhr fort:

„Wenn Wumpantomie, mein großer Bruder, einen seiner Krieger auf einen Posten hingestellt, darf dieser Krieger gegen den Willen Wumpantomies den Posten verlassen?"

„Er darf es nicht", antwortete der Häuptling.

„Nun, so höre, mein Bruder. Der große Beter (Bischof) von Monterey hat dem kleinen Beter (Priester) gesagt: ‚Geh' dorthin nach Nacogdoches und hüte die Seelen deiner weißen Brüder.' Darf der kleine Beter diesen Posten verlassen?"

„Er darf es nicht", murmelte Wumpantomie.

„Mein Bruder hat recht gesprochen, da er sagt: ‚Er darf es nicht'", erwiderte der Missionär. „Der Beter wird auf seinem Posten bleiben. Die Messer und die Kugeln der Bleichgesichter mit der gespaltenen Zunge schrecken ihn nicht. Ist nicht der Große Geist ihm zur Seite? Und wie hat er gesprochen in dem Buche der Bücher? ‚Seinen Engeln hat er deinethalben befohlen, dich zu behüten auf allen deinen Wegen. Auf den Händen werden sie dich tragen, daß nicht etwa an einen Stein stoße dein Fuß. Auf Nattern und Basilisken wirst du wandeln, und zertreten Löwen und Drachen. Weil er auf mich gehoffet, so will ich ihn befreien, ihn beschirmen; denn er hat erkannt meinen Namen.' So spricht der Große Geist, und er wird den Beter, wenn es nötig und so sein heiliger Wille ist, schützen und erretten.

Meine roten Brüder aber mögen jetzt merken auf die Worte, die der Beter zu ihnen sprechen will, und sie mögen sie aufbewahren in ihrem Herzen. Vergesset niemals, was der Beter euch vom Großen Geiste erzählt hat; wie dieser das Gute belohnt und das Böse bestraft; wie jeder rote und jeder weiße Mann eine Seele hat, welche nach dem Tode des Leibes hinüberwandern zum Großen Geiste und vor seinem Gerichte stehen muß; wie alle Menschen, ob rot oder weiß, erlöst worden sind durch das Blut Jesu Christi, und wie alle zu dem einen Glauben an ihn und zu einer Seligkeit in ihm berufen wurden.

O bleibet immer gut! So lauten die letzten Worte des Beters an seine roten Kinder, die er im Herzen trägt mit der Liebe einer Mutter. O bleibet immer gut! Liebet einander, sagt er ihnen, wie er euch geliebt hat. Liebet auch eure Feinde. Tuet Gutes denen, die euch beleidigen und verfolgen, damit ihr Kinder des Großen Geistes seid, der seine Sonne aufgehen läßt über Gerechte und Ungerechte. Vergesset auch nicht eure große Mutter, Unsere Liebe Frau in Los Pilar. Auch sie wird ihre roten Kinder nicht vergessen.

Noch eine Bitte hat der Beter an Wumpantomie zu stellen. Wird mein Bruder sie erfüllen?"

„Mein Vater sage sie", antwortete kopfnickend der Häuptling.

„Kennt Wumpantomie den Häuptling der Bleichgesichter in Nacogdoches?"

„Wumpantomie kennt ihn."

„Kennt mein großer Bruder auch den Mann, den die Bleichgesichter Mister Allen nennen?"

„Wumpantomie kennt ihn und alle Freunde des Beters."

„Mein Bruder höre: auch diesen soll die Seele genommen werden."

„Uff! Uff!" rief der Häuptling, „von den Bleichgesichtern mit der gespaltenen Zunge?"

Pater Diaz bejahte.

„Will Wumpantomie dem Beter helfen, die bedrohten Männer zu retten?"

„Er will es", antwortete der Indianer, indem er seine Hand auf die Brust legte.

„Gut, Wumpantomie und seine Krieger sollen wissen, was das sterbende Bleichgesicht dem Beter vorhin erzählte."

In kurzen Worten berichtete der Missionär von dem Anschlage, den Red Jack und seine Bande auf auf Nacogdoches und auf die Expedition des Mister Allen plante. Dann fuhr er fort:

„Sie werden zuerst Nacogdoches angreifen. Wumpantomie möge also mit seinen Kriegern den zunächst Bedrohten zu Hilfe eilen. Der Beter wird indessen sein Pferd an die Sabine lenken und Mister Allen warnen."

„Der Rat des Beters ist gut", antwortete der Häuptling, doch plötzlich hielt er inne. Sein scharfes Auge hatte sich auf das Gebüsch gerichtet, welches zu beiden Seiten der Felsenhöhle sich hinzog, und schon im nächsten Augenblicke sprang er auf und verschwand draußen hinter dem Gesträuch. Auch die übrigen Krieger waren aufgesprungen. Pater Diaz bemühte sich vergebens, mit seinen Augen das dunkle Buschwerk zu durchdringen. Seine Ohren vernahmen nur ein leises Geräusch. Es war ihm, wie wenn zwei Männer dort miteinander rangen. Jetzt ertönte ein kurzer Schrei, ein dumpfer Fall — und alles war wieder ruhig.

Nach wenigen Minuten erschien der Häuptling am Eingang der Felsenhöhle. In seinen starken Armen trug er einen ohnmächtigen Menschen. Es war ein Indianer. Seine Gesichtsfarbe war etwas dunkler als die der Addays, und sein schwarzes, strähniges Haar war nicht wie bei den letzteren aufgebunden, sondern hing glattgescheitelt auf die nackten Schultern herab. In der Kleidung glich er den Addays. Allmählich kam der Indianer wieder zur Besinnung, denn Wumpantomie hatte ihn im Ringen durch einen Schlag an die Schläfe betäubt. Der Mann schlug jetzt die Augen auf und blickte scheu um sich.

„Die Kichis haben die plumpen Füße des Bären", redete Wumpantomie ihn an. „Weshalb beschleichen sie die Spur der Addays?"

„Aber sie haben nicht die Zunge des zahmen Papageis", gab der Indianer mit spöttischem Lächeln zurück.

„Die Kichis sind wie die blutgierigen Präriewölfe und hungern nach den Skalpen ihrer Feinde. Sie haben die Lehre der frommen Beter vergessen."

„Schon lange ist es her", erwiderte der Indianer, „seit die Beter von unsern Vätern gegangen, und Wunnestou (Weißer Büffel) und seine roten Brüder kennen nicht die Beter und wissen nicht, was sie sagen. Wie die Präriewölfe aber werden die Kichis ihr Eigentum verteidigen und die Beute verteilen. Wumpantomie, der Häuptling der Addays, hüte sich, seine Krieger in die Jagdgründe der Kichis zu führen. Wenn die Kichis Bärenfüße haben, wie Wumpantomie sagt, dann werden ihnen die Bärentatzen nicht fehlen. Die Kichis werden damit die Addays erdrücken."

„Wumpantomie wird den Bären die Tatzen binden", entgegnete stolz der Häuptling, und winkte seinen Kriegern. Sofort sprangen einige derselben herzu und schickten sich an, den Kichis zu fesseln, aber im nämlichen Augenblicke trat Pater Diaz dazwischen, und sich zum Häuptling wendend, sagte er:

„Darf der Beter Wumpantomie, dem Häuptling, eine Frage stellen?“

„Er darf es“, antwortete dieser.

„Soll der Bruder gegen seinen Bruder leichtsinnigerweise den Tomahawk ausgraben und den Kriegspfad betreten?“

„Er soll es nicht“, entgegnete der Häuptling.

„So gebe mein Bruder diesen hier frei“, sagte der Missionär, indem er auf den Gefangenen deutete. „Wenn mein Bruder diesen hier in Fesseln legt, werden die Kichis das Kriegsbeil gegen die Addays ausgraben, und der rote Mann wird seinen roten Bruder erschlagen.“

Betroffen schwieg der Häuptling; dann aber sagte er:

„Mein Vater hat wahr gesprochen, aber nicht klug. Dieser Kichis ist ein Spion und hat uns belauscht.“

Allein der Missionär ließ sich nicht irre machen, und er antwortete:

„Was kann er schaden? Auch der rote Mann liebt die Gerechtigkeit. Wird er helfen, den Verfolgten zu ermorden?“

Wumpantomie antwortete nicht. Düster schaute er vor sich hin. Nur schwer gelang es ihm, den aufsteigenden Argwohn gegen die Kichis in der Brust niederzukämpfen. Endlich sprach er:

„Mein Vater tue, was ihm gut scheint. Er nehme den Kichis. Wumpantomie gibt ihn frei.“

„Der Große Geist segne meinen Bruder“, rief der Missionär, und zu den Gefangenen gewendet, sagte er dann: „Mein Bruder ist frei. Er mag gehen, wohin er will. Der Beter liebt alle roten Kinder der Wälder.“

Einen Augenblick blieb zögernd der junge Kichis-krieger stehen. Er hatte sein Auge auf den Beter der Bleichgesichter gerichtet. Etwas wie Erstaunen, Bewunderung und dankbare Liebe leuchtete aus den Blicken des Wilden. Langsam wandte er sich dann zum Gehen, und langsam entzogen die dunklen Waldbäume ihn den Blicken der Addays.

Der Missionär ergriff die Hand des Häuptlings:

„Wumpantomie hat dem Großen Geiste eine Seele gerettet. Der Beter segnet ihn dafür. — Wann wird Wumpantomie mit seinen Kriegern aufbrechen?“

„Die Pferde der Addays scharren ungeduldig am Ufer des Naches.“

„So halte der Große Geist seine schützende Hand über meine Kinder“, sagte Pater Diaz, „und sie mögen sich meiner und meiner Worte erinnern, wenn ich auch nicht mehr zu ihnen kommen werde.“

„Die Addays werden ihren Vater am Sabine-River wiedersehen“, rief der Häuptling, die Hand des Missionärs ergreifend.

„Der Große Geist hält das Leben der Menschenkinder in seiner Hand“, entgegnete Pater Diaz, und voll Wehmut schaute er den scheidenden Indianern nach. Eine trübe Ahnung zog durch seine Seele, und es war ihm, als hätte er zum letzten Male seine lieben roten Kinder von Unserer Lieben Frau de Los Pilar gesehen. Dann sattelte er sein Pferd und spornte es an zum Ritt an den Sabine-River.

5. Am Sabine-River.

Die dreißiger Jahre waren für Texas eine recht traurige Zeit. Texas war noch kein selbstständiges Land, die Texaner bildeten noch kein selbsteigenes Volk. Alles das befand sich erst im Werden. Viele Männer, wenn es auch nicht immer die besten gewesen, waren über den Sabine-River in das Land am Naches, Trinity, Colorado und Nueches gekommen, und das Gefühl der Einheit und Zusammengehörigkeit machte sich fühlbar. Die Parole: „Freiheit, Unabhängigkeit und Selbständigkeit“ wurde ausgegeben und das Schwert gezogen. Etwas Großes ist es um den Freiheitskampf eines Volkes, aber von denen, die nach Texas gekommen waren, verstanden viele unter Freiheit nur Zügellosigkeit, unter Unabhängigkeit nur Gesetzlosigkeit, und unter Selbständigkeit nur die Verantwortungslosigkeit. Der Weg, den der ‚lone Star State‘ (der einsame Sternenstaat) bis zur Einfügung in das nordamerikanische Sternenbanner zu wandeln hatte, war ein blutiger, war ein Durchgang durchs rote Meer.

Durch seine natürliche Lage bildete Texas die Grenzlinie zwischen Nord- und Mittelamerika, zwischen der germanischen und romanischen Ansiedlungsrasse. Der ehemalige Herr und Bewohner des Landes, der Indianer, kam nicht mehr in Frage. Dieser war wieder Wildling und Feind aller Bleichgesichter geworden. Wohl gab es einen, der diesen Wildling hätte zähmen, veredeln und in die christliche Kultur und Gesinnung hätte einführen können: der katholische Missionär! Die herrlichen Missionswerke in Texas aus den Jahren 1689—1794 haben es ja zur Genüge bewiesen, und die Ruinen der einst so blühenden Indianergemeinden am Rio Grande, San Antonio, Guadelupe, Jacinto, Trinity, Naches und Nueches beweisen es noch.[9]) Zu den verkommensten Indianerstämmen war die Botschaft des Heiles gedrungen, und nicht vergebens. Die wilden Herzen waren dem Rufe der fremden Beter gefolgt; der stolze Nacken hatte sich, wenn auch nach schweren Kämpfen und Opfern, unter das süße Joch Christi gebeugt.

Da kam der böse Feind und säete Unkraut in den Acker des Herrn. Die braven Kuttenträger mußten weichen, und die Indianer waren hirtenlos; die Missionen wurden zerstört, und die roten Kinder waren heimatlos. Sie kehrten in ihre Wälder zurück oder zerstreuten sich wieder über die weite Prärie. Die Verwilderung wucherte von neuem auf im Herzen des roten Mannes. Er wurde der erbittertste Feind der Weißen. Seine Freude war es fortan, den Brand in den Wigwam der Bleichgesichter zu werfen und den blutigen Skalp der erschlagenen Feinde an seinem Gürtel aufzuhängen. Gerade die Indianer von Texas zeichneten sich durch ihre Grausamkeit und Blutgier aus. Die Namen der Apachen, Komanchen, Kowas und Tschirokesen sind geradezu sprichwörtlich geworden.

Der Indianer war der eine von den beiden finsteren Dämonen von Texas.

Im Jahre 1819 erschienen die ersten Pioniere der germanischen Rasse. Es war, als ob zur Strafe der Mexikaner die höhere Vorsehung gesagt hätte: „Ich will das Land, das ich dir gezeigt habe, einem andern geben." Verzweifelt stemmte sich die mexikanische Regierung dem anwachsenden Völkerstrom aus den Vereinigten Staaten entgegen; vergebens warf sie ihre Soldaten in die verlassenen Forts und Missionsstationen an der östlichen Grenze; umsonst erließ Bustamento seine scharfen Dekrete gegen die Einwanderer, führte Santa Anna seine Scharen an den Jacinto: der nordamerikanische Mann wußte zu sterben — und zu siegen. Im Alamo und in Goliad starb er den Heldentod, und siegreich stand er auf am Jacinto.

Unter denen, die von Osten nach Texas einwanderten, gab es viele edle Männer. Aber es tauchten auch Leute auf, die als Schiffbrüchige in moralischer und religiöser Beziehung an der texanischen Küste gelandet waren. Texas wurde zum Abzugskanal für die schlechten Elemente Europas und Nordamerikas, und das war lange Zeit hindurch das große Unglück des Landes. Erst nach Jahren, geläutert durch Feuer und Schwert, und neu belebt durch das Wort gottbegeisterter Missionäre, sollte Texas sich wieder erheben.

In der Zeit unserer Erzählung bildete der Sabine-River die Grenze zwischen Texas und den Vereinigten Staaten. Lange hatten die Grenzstreitigkeiten gedauert. Um dieselben zu schlichten, war man auf den unglückseligen Gedanken gekommen, zwischen dem Sabine- und dem Calcasieu-River ein neutrales Gebiet, ‚neutral ground‘, zu errichten. Es mochte an 33 Meilen messen und war sozusagen ein ‚nomansland‘, ein ‚Niemandsland‘. Aber in gewissem Sinne hätte man auch sagen können, ein ‚Jedermannsland‘. Hier ließen sich nämlich alle diejenigen nieder, die sonst keine Heimat hatten oder haben durften. Ihr Gesetz lautete Gewalt, ihre Sprache redeten Revolver und Dolch, ihr Leben war Verbrechen, ihre Moral hieß Schlechtigkeit. Religion hatten diese Menschen keine. Und so zogen sie raubend und plündernd durch Texas.

Das Banditen- und Geheimbündlerwesen war der andere Dämon von Texas.

Dies war die Lage der Dinge in Texas während der dreißiger Jahre. — — —

Einer der schönsten Oktobertage neigte sich zu Ende. Die Sonne hatte ihre heiße Strahlenglut gemildert und schwebte, ein purpurnes Lichtmeer, am westlichen Himmel. Allmählich aber nahm Farbentiefe und Lichtstärke ab. Die Dämmerung breitete sich schnell über Prärie und Wald, und bald begann die Nacht ihre schwarzen Flügelpaare zu schwingen.

Den Ufern der Sabine näherte sich eine Anzahl Reiter. Sie bildeten einen wohlgeordneten Zug. In der Mitte zogen langsam und schwerfällig dreißig bis vierzig Packtiere. Schwere Lasten waren den armen Geschöpfen aufgebürdet worden, und es bedurfte mancher Zurufe und Ermunterungen von Seiten der Treiber, um die ermüdeten Tiere voranzubringen. An der Spitze des Zuges ritten mehrere bewaffnete Männer. Auch die Nachhut wurde von Bewaffneten gebildet. Einzelne Reiter sprengten an der langsam sich vorwärts bewegenden Reihe auf und ab.

Jetzt mochten wohl die Tiere die Nähe des Wassers gewittert haben. Sie stürmten mit einem Male voran, und bald schimmerte der helle Wasserspiegel der Sabine durch die Uferbäume. Dem Flusse war noch kein eindämmender Zügel durch Menschenhand angelegt worden. Er erfreute sich noch seiner naturwüchsigen Ungebundenheit und ging seine eigenen Wege. Das aber oft in sehr mutwilliger Weise. Hier wandte er sich wie schmollend und grollend von dem Uferrande ab, ließ den Boden öde und sumpfig und bohrte sich dort auf der andern Seite tief in den schwarzen Waldgrund hinein. Hier ließ er die Wasser- und Schlingpflanzen, die so üppig aufgewuchert waren, im heißen Sonnenbrande verschmachten und spielte dort mit seinen Wassern um die Riesenleiber der alten Eichen. Aber wenn eine derselben, vom Sturm geknickt, sich zu ihm herniedergelassen, oder wenn sie, altersschwach und -müde, sich zur Ruhe gelegt hatte, dann trieb er, zornig rauschend und triumphierend, seine Wellen über die braune Waldeiche hinweg und zierte sie eitel mit silbernen Schaumkrönchen.

Dort, wo das Land halbinselartig in den Fluß hineinragte, hielt der Reiter, welcher bisher schweigsam und ernst vorangeritten war. Mit raschem Blicke überflog er die Umgebung, und sich im Sattel aufrichtend, rief er seinen zurückgebliebenen Gefährten zu:

„Hier wollen wir für diese Nacht Halt machen. Morgen kreuzen wir dann die Sabine, und übermorgen, so der Himmel es gnädig fügt, sind wir in Nacogdoches. Da will ich gern Unserer Lieben Frau von Los Pilar eine dicke, pfundschwere Wachskerze opfern, und Pater Diaz soll seinen Segen darüber sprechen."

„Ihr könnt in der Tat von Glück sprechen, Mister Allen", sagte einer der Männer, welche jetzt neben ihm ihre Pferde anhielten. „Wir sind bisher unbehelligt geblieben, und das will viel heißen in unsern Zeiten."

„Der heiligen Madonna sei Dank, daß wir den ‚neutral ground' hinter uns haben", entgegnete Mister

Dort, wo das Land halbinselartig in den Fluß hineinragte, hielt der Reiter, der bisher schweigsam und ernst vorangeritten war (S. 54).

Allen. „Er war meine größte Sorge. Unser neu engagierter Führer, Mister William, hat seine Sache vortrefflich gemacht. Er kam uns wie ein Helfer in der Not, als in Natchidoches drüben uns der alte John so plötzlich krank wurde. Die heilige Jungfrau von Los Pilar helfe ihm bald wieder auf die Beine. Es ist ja wahr, frischem Holz und fremden Leuten soll man mißtrauen und sie erst probieren, aber bisher bin ich mit Mister William zufrieden. Er ist ein Westmann bester Sorte, und bei einem solchen darf man den äußern Menschen nicht so genau nehmen. Nun, vorsichtshalber ließ ich noch den ‚redman' (Indianer) anwerben, und wenn sich auch die beiden, wie mir scheint, nicht gut einander in die Augen sehen können, so ist doch ein jeder bestrebt, es dem andern vorzutun. — He, Mister William! Wir wollen hier unser Nachtquartier aufschlagen. Was meint Ihr?"

„Kann mir recht sein", lautete die Antwort des Mannes, der langsam am Zuge heraufgeritten kam. „Ueber den Fluß noch heut' zu kommen, wäre ohnehin kaum möglich. Die Tiere sind müde und abgetrieben."

Der Sprecher war eine kurze, gedrungene Gestalt. Als echter amerikanischer Westmann trug er auf dem Kopfe einen breiten Filzhut, dessen Krämpe das sonnenverbrannte Gesicht weit überschattete. Nur zuweilen blitzte es unter den schwarzen, buschigen Augenbrauen voll List und Verschlagenheit hervor. Die Kleidung des Mannes bestand aus einem alten bockledernen Jagdrocke und aus den Leggins, welche ganz nach Indianerart gebunden und mit Fransen besetzt waren. Um die Hüften schlang sich ein dicker roter Schal. Die Griffe einer Pistole und eines Bowiemessers waren durchaus sichtbar. Ueber die Schultern hing eine doppelläufige Büchse.

Der Westmann sprang vom Pferde und sagte:

„Mister Allen, wenn ich Euch einen Rat geben soll, so ist's der: Werdet vorsichtiger und schärft dies auch recht den Wachposten ein, die Ihr des Nachts ausstellt. Den Calcasieu-River und das, was drum und dran hängt, haben wir zwar hinter uns, aber die Gegend hier ist nicht minder gefährlich. Es treibt sich da viel rotes Gesindel umher. Ihr könnt allen vierzehn Nothelfern Dank sagen, wenn Ihr unbemerkt und ungeschoren durchkommt. Zudem habt Ihr Euch da selbst eine Rothaut auf den Hals geladen. Seht zu, wie Ihr sie los werdet; weiß nicht, ob es gut enden wird. Der ‚redman' trägt kein Stammeszeichen. Warum nicht? Aber ich kenne die Kichis und will nicht William heißen, wenn es keiner von dieser Hallunkensorte ist."

„Habt Dank, Mister William", antwortete Allen. „Guter Rat ist Goldes wert, und der Eurige soll immer so viel als möglich befolgt werden. Doch der Indisman hat mir bisher noch keinen Grund zu irgend einem Verdachte gegeben. Übrigens haben wir in zwei Tagen unser Ziel erreicht. Es ist immer besser, in Frieden zu scheiden."

„Wie Ihr wollt", versetzte der Westmann. „Des Menschen Wille ist sein Himmel oder sein Hölle." Damit wandte er sich der nahenden Karawane zu.

An die stillen Ufer des Sabine-Rivers war mit einem Male reges Leben gekommen: ein geschäftiges Durcheinander-Hasten und -Rennen und -Rufen. Die Treiber sattelten die Tiere ab, und die armen Geschöpfe stürzten sofort im Galopp dem Wasser zu, um den brennenden Durst zu löschen. Auf dem freien Platze aber, dicht an den Ufergebüschen, erhoben sich schon die weißen Lagerzelte, und am prasselnden Feuer wurde das Abendbrot bereitet. Es war ein schwerer Tag gewesen, und doppelt angenehm wirkte nun die Ruhe. In verschiedenen Gruppen verteilt, saßen die Männer um die wärmende Glut, denn kühl wehte bereits beim Nachtwerden der Wind von dem Wasser herüber. Bald wurden die Wolldecken hervorgeholt, um sich dem wohlverdienten Schlafe hinzugeben. Das Lagerfeuer brannte kleiner und kleiner, und immer enger schloß sich der schwarze Nachtkreis um die Schläfer. Am Himmel aber war in wunderbarer Fülle und Pracht die Sternenwelt heraufgezogen und funkelte herab auf die schlummernde Erde wie eine ewige Verheißung des Friedens hoch über dem irdischen Kampfplatze.

6. Eine Störung.

Am Sabine-River war es still geworden; nur in dem Buschwerk des Uferrandes zuweilen ein Knistern und Knacken der Zweige. Es waren die Raubtiere, die nun ihr nächtliches Handwerk begannen. Von den Bäumen tönte der schrille Ruf der Eule. Der Mond stand am Himmel, und sein fahles Bild zeichnete sich im zitternden Wasserspiegel des Flusses. Die Nacht war bereits vorangeschritten.

„Henry“, rief einer der wachthabenden Knechte. „Hast du nicht eben den Ruf von dort drüben gehört?“

„Wo dort drüben?“ frug der Angeredete, und er rieb sich schlaftrunken die Augen.

„Dort drüben, vom Flusse her.“

„Wirst geträumt haben“, meinte der andere.

„Nein, träumen ist nicht meine Sache. Doch still! ... Da wieder ...!“

Beide Wächter lauschten aufmerksam.

„Wahrhaftig, da ruft jemand ..., es ist ein Hilferuf!“

„Wir müssen hin!“

„Halt! Das Lager dürfen wir nicht unbewacht lassen. Ich will schnell Mister Allen wecken.“

Der Mann lief zu den Lagerzelten, und bald waren einige der Leute auf den Beinen. Als die Männer hörten, um was es sich handle, griffen sie zu den Gewehren und machten sich mit den Wachen auf den Weg. Sie wandten sich dem Uferrande zu und schritten vorsichtig und langsam den Fluß hinauf, in der Richtung, aus welcher der Ruf gehört worden war. Es hielt schwer, durch das wirre Schilf- und Buschgestrüpp vorwärts zu kommen. Wie ein Flüchtling, der sein Geheimnis zu verbergen sucht, trieb der Fluß, schnell und unheimlich rauschend, seine im bleichen Mondstrahl zitternden Wellen vorüber. Einer der Männer strauchelte über die Wurzelknoten, welche das Wasser längs des Ufers ausgewaschen hatte, und dabei entlud sich das Gewehr des Mannes. Das Echo des Schusses war noch nicht verklungen, als von neuem, und zwar in unmittelbarer Nähe, vom Flusse herüber ein Ruf ertönte. Die Männer hielten an.

„Halloh!“ rief einer derselben. „Ist dort drüben ein Christenmensch in Not?“

„Hilfe! ... Hilfe! ...“ wimmerte eine Stimme.

Die Leute schauten erschreckt zum Flusse hinüber. Aber erst allmählich gewöhnte sich das Auge an den schwarzen Dunstkreis, der über dem Wasser lagerte.

Nur ein dunkler Gegenstand, welcher mit den Wellen vorwärts trieb, war bemerkbar.

„Barmherziger Himmel!“ rief plötzlich einer der Männer. „Dort schwimmt ein Mensch auf einem Baumstamm im Wasser.“

„Weshalb lenkt er nicht zum Ufer . . .?“

„Stoßt ans Ufer herüber“, schrieen mehrere von den Leuten hinüber.

„Hilfe . . .“, die Stimme verlor sich, und ein Plätschern ließ sich vernehmen, ein Zeichen, daß der Mensch dort mit den Wellen zu kämpfen hatte.

„Er ist auf dem Baumstamm festgebunden“, bemerkte jetzt ein anderer.

Die Männer strengten ihre Augen an, und nun erkannten sie deutlich die Umrisse eines Menschen, der auf einem dicken Baumstamm ausgestreckt lag.

„Hier können wir ihm nicht beikommen“, sagte Mister Allen. „Wir müssen dort hinunter zum Lager, wo sich das Wasser in der Krümmung staut. Mir nach, Leute.“

Etliche dreißig Schritte flußabwärts, in der Nähe der Lagerzelte, machte der Fluß eine scharfe Biegung nach rechts. Infolgedessen trat das linke Ufer weit in den bisherigen Wasserlauf hinein, und es bildete sich auf diese Weise hier eine kleine Bucht. Hierher eilten die Männer und blickten mit Ungeduld auf den Wellengang, welcher den Baumstamm langsam heranschwemmte. Wie Mister Allen richtig vorausgesehen, mußte das Holz mit dem Wasser in der Biegung stauen und konnte vom Ufer aus leicht erreicht werden. Einige Männer sprangen rasch entschlossen in den Fluß und stießen den Baumstamm nahe an den Uferrand. Man hatte sich nicht getäuscht. Der Schwimmer war mit Stricken an den Stamm festgebunden. Ein paar Schnitte mit den scharfen Messern befreiten ihn von seiner schwankenden Lagerstelle. Hierauf zog man ihn ans Land.

„I thank you, gentlemen“, rief der Unbekannte, indem er sich reckte und dann seinen Rettern kräftig die Hand schüttelte. „Thunderstorm! War das eine Fahrt.“

„Dankt es der Vorsehung, Mister, daß Euch die Krokodile nicht holten“, sagte Mister Allen.

„Müssen keinen Appetit nach der Lederjoppe des alten Jackson verspürt haben. Aber alle Wetter, es war doch die höchste Zeit, ich fühle meine Knochen nicht mehr.“

„Kommt, Mister Jackson. Nachher könnt Ihr uns von Eurer Fahrt erzählen. Ein paar Glas Brandy werden Euch die Lebensgeister wieder sammeln. Und hungrig wird Euch die nasse Reise auch gemacht haben!“

Man schritt zum Lager. Hier war inzwischen der Vorfall bekannt geworden, und alles drängte sich neugierig den Ankommenden entgegen. Nachdem Mister

Jackson trockene Kleider angezogen und etwas gegessen hatte, begann er zu erzählen:

„Gentlemen! Die Zeiten werden immer schlechter. Mit jedem Tage nimmt mehr und mehr das rote Raubgesindel überhand. Es plündert, stiehlt, lyncht und skalpiert, daß es nur so eine Art hat. Kein Mensch, am allerwenigsten der weiße, ist vor ihren Messern sicher. Daß sie mir heute nicht meinen Haarpelz abgezogen haben, sondern mich schwimmen ließen, daran ist folgende Geschichte schuld. Sie stammt aus alten Tagen. Doch verzeiht, Gentlemen, vergaß ganz, mich vorzustellen. Bin Trapper seit Jahren, und der alte Jackson hat manchen Tierbalg umgedreht.

„Kurz, 's war drüben am Trinity-River. Da hatten die rothäutigen Kichis einem Farmer bei Nacht und Nebel die besten Pferde aus dem Stalle genommen. Der Farmer war mir ein guter Freund, und so half ich ihm halt die Langfinger einfangen. Wir kriegten den Häuptling, Quayhamkay (Steinschuppe) hieß er, in unsere Gewalt, und nach altem Farmerbrauche ließen wir ihn auf dem Trinity schwimmen, just wie's mir heute passierte. Wir hätten dazumal die Rothaut einfach aufknüpfen sollen. Nun, es war geschehen, und Quayhamkay schwur uns Rache.

„Vor einigen Wochen war ich nun mit meinen Fallen an den Sabine-River gezogen und fiel hier in die Klauen der Feinde. Da habt Ihr, Gentlemen, meine Geschichte. Und nochmals sag' ich's", wetterte der alte Graubart weiter, „alles kommt davon her, daß man die roten Gesellen mit zu zarter Hand anfaßt. Zu Paaren sollten sie getrieben werden, dann kurzer Prozeß und mit ihnen hinüber in die andere Welt."

„Ei, ei, Mister Jackson, laßt Euch im Eifer und im Zorne nicht die Zunge durchgehen. Der rote Mann ist halt auch ein Mensch, den der liebe Herrgott geschaffen und ein Recht zu leben gegeben hat." Mister Allen hatte diese Worte gesprochen, und er fuhr fort:

„Er muß eben zu einem brauchbaren Menschen erst gemacht werden ..."

„Pah, Sir", fiel ihm der Trapper ins Wort. „Da habt Ihr noch wenig Erfahrung. Wie lange seid Ihr schon im Lande? Unser Texas wär's schönste Land der Erde, wenn diese roten Schufte nicht wären. Manche Missetat steht ihnen auf dem Kerbholz. Geradezu unerhört sind die Grausamkeiten, die sie sich am weißen Manne erlauben. Habt Ihr denn nicht gehört, Sir, wie's die Komanchen vor zwei Jahren in San Saba getrieben haben? Dann die Karankahuas am Kolorado? Die Apachen oben am Rio Grande?"

„Vergesset nicht, Mister, daß auch viele Weiße sich an ihnen versündigten. Warum behandelt man sie als solche, die kein Recht haben? Warum hat man ihnen die Missionäre genommen? Die hätten noch etwas Brauchbares aus ihnen machen können."

„Mister Allen, das sind Ansichten. Wenn Ihr aber meinen Rat annehmen wollt, so seid auf Eurer Hut, wo immer eine Rothaut sich blicken läßt.“

„Euer Rat ist gut. Bisher bin ich jedoch mit unserm Indisman zufrieden.“

„Wie“, rief der Trapper, „Ihr habt einen Indianer bei Euch?“

„Er ist dort drüben bei den Knechten am Feuer.“

„Hm! ... Wann ist er zu Euch gestoßen, Sir?“

„Ich habe ihn in Natchidoches als Führer angeworben.“

„Thunderstorm! Mister, wenn Ihr da keinen dummen Streich gemacht, will ich Euch Glück wünschen. Wenn ich an Eurer Stelle wäre, müßte die Rothaut auf der Stelle dort am Aste baumeln. Eine Kugel wäre viel zu schade. Und am Ende ist es gar einer von diesen Kichis. He, Rothaut! Laß dich einmal am Lichte besehen.“

Der Indianer saß stumm und etwas abseits von dem Feuer, um welches mehrere Knechte lagerten. Keines der Worte, die der Trapper gesprochen, war ihm entgangen, aber in dem bronzenen Gesichte verriet nichts die geringste Bewegung. Auch jetzt schien er die Aufforderung des Trappers überhört zu haben.

„Bist du taub, Rothaut?“ rief Jackson erregt und stand auf. „Woher kommst du und wer bist du? Aha! Seht, Mister, der Kerl hat kein Stammeszeichen, und die Farbe hat er abgekratzt. Farblos ... Mister Allen, nehmt Euch in acht!"

Der Indianer hatte sich langsam erhoben, und indem er einen stolzen, verachtenden Blick auf den Trapper warf, sagte er:

„Wer ist dieses Bleichgesicht, und woher kommt es?"

„Warte, elende Rothaut; ich will dich Höflichkeit lehren", schrie Jackson, noch mehr durch das Benehmen des Indianers aufgebracht. Dieser aber bewahrte eine kalte Ruhe. Langsam näherte er sich dem Trapper und rief ihm leise einige indianische Worte zu. Ein bleicher Schatten flog über Jacksons Gesicht, und für einen Augenblick war der Trapper wie sprachlos; dann aber rief er zornig auffahrend:

„Das wagst du mir zu sagen? — — Das sollst du mir büßen!" — Und er wollte sich auf den Indianer stürzen. Dieser aber zog blitzschnell ein Messer aus dem Gürtel und erwartete den Gegner.

„Seht", rief der Trapper, indem er sich zu Mister Allen wandte und auf das Messer deutete, das der Indianer bisher in seinem Gürtel verborgen getragen hatte. „Seht, da zeigen sich schon des Esels Ohren oder des Tigers Krallen, wie Ihr es nehmen wollt. Gebt acht, ob nicht bald das rote Gesindel aus den Gebüschen dort über Euch herfällt."

Ein starker Windstoß, welcher durch die Bäume fuhr, verlieh diesen Worten noch mehr Nachdruck.

„Seht, da zeigen sich schon des Esels Ohren oder des Tigers Krallen, wie Ihr es nehmen wollt“ (S. 66).

Erregt sprangen die Männer, welche bisher lautlos der Szene zugeschaut hatten, vom Feuer auf und griffen zu den Waffen. Mister Allen gebot Ruhe. Er war gleichfalls durch diesen Auftritt peinlich berührt. Was konnte der Trapper für einen Grund haben, mit solchem Haß dem Indianer zu begegnen? Vielleicht mochte es die erlittene Unbild sein.

„Laßt es genug sein, Mister Jackson", sagte er, indem er begütigend seine Hand auf des Mannes Schulter legte. „Ihr seid mir als Gast willkommen, so lange Ihr wollt. Aber mäßigt Euren Zorn und vergeltet nicht Gleiches mit Gleichem. Bis Nacogdoches bleibt, wie es ausgemacht ist, der Indianer bei uns, und ich werde ihn auslohnen, wie es die Gerechtigkeit erheischt. — Gentlemen, wir haben bis zum Morgen noch einige Stunden; ich schlage vor, dieselben gut auszunutzen. Good night!"

Die Wachen wurden abgelöst, und die Männer hüllten sich wieder in ihre Decken. Der Indianer tat wie die übrigen. Als alles ruhig geworden und lautes Schnarchen den guten Schlaf der Leute anzeigte, erhob er sich geräuschlos. Aufmerksam spähte er nach den Wachen. Diese bemerkten ihn nicht, und lautlos, wie ein Schatten, verschwand er in dem Gebüsch.

7. Zwei Verräter.

Der Indianer schlich an das Ufer des Sabine-Rivers. Dort, an der Stelle, wo man den Trapper aus den Wellen gezogen hatte, blieb er stehen und beugte sich vorsichtig über das Wasser. Der Baumstamm, auf welchem Mister Jackson seine Fahrt gemacht hatte, lag dicht am Uferrande, und die durchschnittenen Stricke hingen in die Flut hinab. Der Indianer zog sie herauf, und mit scharfem Auge prüfte er die Entfernung der beiden Knoten, mit denen der Strick um den Stamm geschlungen war. Ein zufriedenes Lächeln glitt jetzt über das gebräunte Gesicht.

„Die Augen der Bleichgesichter", murmelte er vor sich hin, „sind mit Blindheit geschlagen. Die Arme und Beine dieses Bleichgesichtes waren zum Rudern frei. Es ist ein Verräter."

Hierauf wandte er sich dem dichteren Buschwerk zu, das oberhalb des Flusses ansetzte, legte seine Hand an den Mund und ließ dreimal den Ruf einer Eule ertönen. Es währte nicht lange, bis ein Kanoe sich aus dem Schatten des gegenüberliegenden Ufers löste und herübersteuerte. Der Ruderer des Fahrzeuges war gleichfalls ein Indianer, und er legte in der Nähe der Stelle an, wo der Rufer wartete. Derselbe stieg ein, und geräuschlos trieb der leichte Kahn wieder über den Fluß.

„Sind die Krieger der Kichis bereit?“ begann am jenseitigen Ufer der Indianer, der soeben aus dem Lager des Mister Allen gekommen war.

„Die Brüder Quayhamkays lagern dicht an der Schlucht, durch welche die Bleichgesichter ziehen werden. Wunnestou hat sie herbeigeführt und in dem Walde verborgen, denn seit gestern streift eine Anzahl Bleichgesichter oben am Flußufer umher.“

„Uff! Uff!“ rief Quayhamkay. „Wieviel Männer hat mein Bruder gezählt?“

Der Indianer öffnete und schloß zweimal die Hände und hielt drei Finger empor. Also dreiundzwanzig Mann. Dann fügte er bei:

„Sie verbergen ihre Spuren, und sie sind Feinde jener Bleichgesichter dort drüben.“

Quayhamkay nickte befriedigt und sagte:

„Es sind die Bleichgesichter vom Grenzfluß der weißen Männer (Calcasieu-River). Die Männer von Nacogdoches aber sind mit Blindheit geschlagen und sehen ihre Feinde nicht. Quayhamkay jedoch hat sie erkannt, den Mann in Natchidoches, den sie zum

Führer nahmen, und den Mann, der auf dem Wasser zu ihnen gekommen ist. Die Bleichgesichter, seine Freunde, haben ihn selber auf den Baumstamm gebunden, und nicht die Kichis; sie wollen die Männer aus den Steinhäusern von Nacogdoches täuschen. Quayhamkay, der Häuptling der Kichis, aber wird sich rächen. Er wird dem Bleichgesicht, das gegen den roten Mann gesprochen hat, von den Squaws die Zunge durchstechen lassen. Wunnestou möge die Krieger den Tag über verborgen halten und morgen abend mit ihnen die Schlucht nach Sonnenuntergang belagern. Mein Bruder kennt den Weg. Kein Bleichgesicht soll ..."

Der Häuptling hielt plötzlich inne. Vom Flusse her wurden abermals Ruderschläge hörbar. Beide Indianer wandten ihre scharfen Blicke auf das Wasser.

„Uff! Uff!" entfuhr es voll Staunen den Lippen Quayhamkays, welcher zuerst die Insassen des Fahrzeuges im hellen Mondlicht erkannt hatte. „Die beiden Bleichgesichter! Mein Bruder folge mir!"

Geräuschlos erhoben sich die Indianer und verschwanden in dem dichten Waldgestrüppe. Unterdessen stieß der Kahn ans Ufer, und zwei Männer stiegen an das Land. Es waren die Mister William und Jackson.

„Hier sind wir sicher", begann ersterer, „und selbst diese elende Rothaut, die mich in den letzten Tagen auf Schritt und Tritt verfolgt, kann uns hier nicht belauschen. Es wird höchste Zeit, daß wir sie uns vom Halse schaffen. Sie verfolgt eigene Pläne, aber auf jeden Fall durchkreuzt sie die unsrigen. Ein verrückter Gedanke war es von Mister Allen . . ., doch sagt, was bringt Ihr für Nachrichten, Jackson?"

„Kurz gesagt die, daß wir morgen abend den Handstreich wagen. Der Kapitän hat seinen Plan geändert. Er will Nacogdoches vorläufig in Ruhe lassen, um sofort den Mister Allen aufs Korn zu nehmen. Er schickte mich, um Euch die nötige Weisung zu bringen."

„Hm! Hm!" machte William. „Ihr seid auf recht sonderbarliche Weise gekommen."

Jackson lachte.

„Wißt, William, es gibt kein besseres Mittel, sich bei den Leuten einzuführen, als das Mitleid. Da steht sofort Herz und Türe offen."

„Trotzdem war es unklug, sehr unklug", sagte kopfschüttelnd der andere, „sofort mit dem Indianer anzuzetteln."

„Pah! Die Rothaut wird uns nicht mehr lange hinderlich sein", erwiderte Jackson geringschätzig. „Wißt Ihr auch, was mir der Kerl ins Ohr flüsterte? ‚Das Bleichgesicht ist ein Verräter', zischte er. Ich weiß nicht, ob er schon irgendwo meine Bekanntschaft gemacht hat; aber jedenfalls wird man jetzt im Lager auf ihn achtgeben, und das wollte ich gerade. Heute und morgen werden sich die da drüben nach den Rothäuten die Augen ausschauen, und dann werden sie der Vorsicht müde sein und nachlässiger sein, wie nie zuvor. Wißt, William, das Laster ist nie schlechter, als wenn es faulgewordene Tugend ist."

„Wo soll der Überfall stattfinden?"

„Ihr kennt die Davis-Schlucht? — Gut. — Morgen nachmittag müßt Ihr sie erreicht haben. Ein offener Handstreich wäre zu gefährlich, denn Mister Allen und seine Leute verkaufen ihre Häute nicht billig. Wir aber können nur auf unsere Mannen zählen; auf die Tschirokesen ist kein Verlaß. In Nacogdoches blieben sie aus, deshalb mag wohl auch der Kapitän sich anders besonnen haben. Eine Dummheit war's überhaupt, sich mit den Tschirokesen einzulassen. Ich hasse das gesamte rote Gesindel. Uns hat das nichts anderes eingebracht, als die Feindschaft der Kichis, die mit jenen auf dem Kriegspfade sind, und dem armen Melton hat es das Leben gekostet."

„Wie, Melton ist tot?" rief William.

„Drüben in der Prärie überfiel uns eine starke Bande dieser Kichis. Wir waren unser nur sieben, und so suchten wir unser Heil in der Flucht. Der arme Teufel von Melton stürzte mit seinem Pferde, und die Rothäute werden ihm wohl die Kopfhaut abgezogen haben."

„Wieviel Leute zählt der Kapitän?"

„Wir sind hier dreiundzwanzig Mann an der Zahl. Die Hälfte derselben wird Euch in gemessener Entfernung folgen, um in der Schlucht als Riegel für die Mausefalle zu dienen. Ein anderer Teil lagert bereits am Ausgang der Schlucht. Der Kapitän, mit einigen Auserwählten, wird dann vom Walde herab die Front nehmen. Von der großen Schwarzeiche, welche den Berggipfel krönt, und die weithin sichtbar ist, wird das Angriffszeichen gegeben werden. Ihr, William, habt also nur die Aufgabe, Mister Allen mit seinen Leuten glücklich und heil in den Talkessel zu bringen. Schwerlich kommt er wieder heraus, und eine Freude werdet Ihr erleben, wenn Ihr diese Mäuse pfeifen hört."

„Alle Wetter, ein Pferdehuf", rief William aufspringend. „Hört Ihr's?"

Auch Jackson war aufgesprungen und schlich an den Rand des Buschwerkes. Das Ufer fiel hier auf dieser Seite ziemlich steil ab. Während nämlich nach Norden hin ein hügeliges Waldland sich hinzog, setzte nach Süden eine grasbestandene Ebene, der Ausläufer der Prärie, ein. Durch diese führte der Weg von dem Sabine-River an den Naches. Nur an einigen Stellen berührte er das beschwerliche Waldland. Vom steilen Uferrande konnten die beiden Männer bequem die Straße überschauen. Sie spähten aufmerksam aus dem Gebüsche und erblickten einen Reiter, der sein Pferd zu raschem Laufe antrieb.

Jackson hatte zuerst den Reiter erkannt, und ein Fluch entschlüpfte seinen Lippen.

„Verdammt!“ rief er, „das ist der braune Kuttenträger, den wir vergebens in Nacogdoches suchten. Er reitet ja seinen elenden Klepper schier zu Tode.“

„Was mag der hier wollen?“ frug William.

„Auf keinen Fall darf er in das Lager hinüber“, antwortete Jackson. „Es ist ein alter, schlauer Fuchs, und ich will nicht Jackson heißen, wenn er nicht irgendwo etwas gewittert hat. Umsonst schindet er seinen Gaul nicht so ab. Sieh, er lenkt zum Flusse. Dort muß er durch den Hohlweg. Weiter darf er nicht kommen.“

8. Gefangen und erlöst.

Pater Diaz trocknete die schweren Schweißtropfen von der Stirne. Die Augen wollten ihm schier vor Müdigkeit zufallen, aber mit Gewalt hielt er sich im Sattel aufrecht, und immer von neuem spornte er sein Pferd.

„Heilige Madonna, hab' Dank!" murmelte er jetzt, tief aufatmend. „Ich bin am Ziele."

Der Weg begann allmählich zu steigen, und er gewährte den Ausblick auf den Sabine-River. Hell schimmerten durch die Morgendämmerung die weißen Lagerzelte vom jenseitigen Ufer herüber.

„Sie sind noch am Leben, also auch noch zu retten. O Gott, schütze die Bedrohten. Wie herrlich, Allmächtiger, hast Du die Erde gebaut, und ach, die Bosheit der Menschen macht sie zur Hölle!"

Der Mönch seufzte schmerzlich bewegt, und er blickte wehmütig zum fernen Osten, wo das erste Morgenrot den Himmel mit glänzendem Purpursaum umwob. Pater Diaz hielt jetzt sein Pferd an und stieg ab; es hatte ja seinen Dienst getan, und es war nichts mehr zu versäumen. Der Weg lenkte nunmehr in einen Engpaß ein, der das steile Ufergelände durchbrach. Der klare Wasserspiegel des Flusses wurde bereits sichtbar.

Langsam schritt der Franziskaner voran. Da, ein Knacken und ein Rascheln in den Gebüschen. Er blickte auf. Die Zweige wurden geteilt, und zwei Männer versperrten ihm den Weg. Es war Jackson mit William. Sie hatten ihre Bowiemesser aus dem Gürtel gerissen und riefen:

„Mönch, ergib dich! Du willst dort hinüber, um sie zu warnen. Du bist verloren!"

„Wollt Ihr sie verderben?" fragte Pater Diaz furchtlos, und er richtete einen ernsten Blick auf die Angreifer.

„Die Hände her!" herrschte Jackson den Missionär an. „Wir haben keine Zeit zu verlieren, und halte dich still. Beim ersten Ruf, Mönch, stoße ich dir das Messer in die Kehle. Laß deine Freunde drüben ruhig weiter schnarchen, die werden Schlaf für ihre Reise, die sie bald zu machen haben, nötig haben."

Während William das Pferd beim Zügel ergriff, trat Jackson auf den Franziskaner zu.

„Was habt Ihr vor?"

„Das sollst du gleich gewahr werden."

„Fürchtet Gott und seine Gerechtigkeit!"

„Die Predigt spare dir, Kahlkopf; unsere Zeit ist kurz."

William hatte die Zügel des Pferdes losgelassen und war hinter den Missionär getreten; ein Ruck — und Pater Diaz lag am Boden. Die beiden Männer schnürten ihm die Hände zusammen, und als der Gefangene einige Anstrengungen machte und um Hilfe rufen wollte, rief Jackson:

„Haha, Mönch! Du erinnerst uns an das, was wir vielleicht vergessen hätten!“

Er kniete dem Gefesselten auf die Brust und steckte ihm einen Knebel in den Mund. Dann trieben die beiden den armen Pater vom Boden auf.

„Jetzt, William“, sagte Jackson zu seinem Gefährten, „macht, daß Ihr hinüberkommt, damit sie Euch nicht vermissen. Auf mich werden sie nicht so sehr achten; sie haben vor dem Aufbruch genug zu tun. Wenn man nach mir fragt, so erfindet irgend eine Ausrede; sagt, ich wäre meine Fallen suchen gegangen, oder lügt sonst etwas zurecht. Verzögert die Überfahrt der Leute, bis ich wieder da bin. Höchstens eine gute halbe Stunde wird es dauern.“

William verschwand zwischen dem Buschwerk. Jackson aber schwang sich aufs Pferd des Missionärs und ergriff den Strick, mit dem Pater Diaz gefesselt war. Fluchend und scheltend trieb er das Pferd und den Gefangenen voran. Er ritt erst eine kurze Strecke den Weg, auf welchem Pater Diaz soeben gekommen war, zurück; dann schwenkte er nach links ab, wieder dem Flußufer zu. Das Terrain wurde immer schwieriger. Während nach Westen hin die Ebene sich ausdehnte, setzte in der Nähe des Flusses wieder dichtes Waldgestrüpp ein. Hier und da hatte der wilde Strom das Ufer durchbrochen und breite Wasserrinnen durch den Waldgrund gezogen. In üppiger Fülle wucherten Schilf, Farrenkräuter und Schlingpflanzen durcheinander. Der Boden war feucht, stellenweise sumpfig. Es war gefährlich, sich hier hineinzuwagen.

Nur langsam ging es voran, und Jackson wetterte und fluchte, wenn das ermüdete Pferd nicht mehr vorwärts wollte, oder wenn es über eine morsche Baumwurzel stolperte. Er schlug es wütend in die Weichen, so daß sich das Tier hoch aufbäumte und den armen Pater in Lebensgefahr brachte. Derselbe befand sich in einem jammervollen Zustande. Die Kleider waren zerrissen, mit Staub und Schlamm bedeckt, Hände und Gesicht von den spitzen Dornen blutig aufgerissen. Die Füße bluteten bereits aus mehreren Wunden. Aber kein Laut der Klage kam über die Zunge, die vor Durst wie Feuer brannte. Heiliger Frieden und tiefe Gottergebenheit lag über das Antlitz des Priesters gebreitet.

O Kreuz! O Leid! Wie leicht wird die Bürde, wenn euch die Liebe zu Gott trägt!

Jackson fühlte mit dem armen Missionär kein Mitleid; immer schneller ritt er durch das dornige Buschwerk, dessen Zweige erbarmungslos das Gesicht des Gefangenen peitschten. Unruhig ließ Jackson seine Augen umherschweifen, und er schien das Gesuchte jetzt gefunden zu haben. Er hielt das Pferd an und stieg ab. In der Nähe stand ein großer, wilder Mesquitebaum. Hierher führte er den Gefangenen.

„So, Mönch", sagte er, indem er die Arme desselben um den Stamm zog und festband. „Vielleicht wirst du inzwischen Langweile bekommen, tut mir leid, aber der rote Jack will dich persönlich kennen lernen, sonst hätte ich mit dir kürzeren Prozeß gemacht und mir diese Mühe erspart. Doch die Zunge will ich dir lösen, damit du uns nicht vorher erstickst. Wir sehen uns bald wieder."

Er bestieg von neuem das Pferd. Mit ernstem Blicke rief ihm Pater Diaz zu:

„Denkt an Eure Seele! Gott sei ihr gnädig. Wir werden uns nicht wiedersehen."

Jackson lachte höhnisch auf, aber es war ein erzwungenes Lachen. Ein seltsamer Schauer hatte ihn bei den Worten des Priesters erfaßt.

„Pah! Wahnwitz und Aberglauben", sagte er sich und hieb auf das Pferd.

So war denn Pater Diaz allein und verlassen in der weiten Wildnis. Voll Erschöpfung drohte er zusammenzubrechen, doch die Stricke hielten ihn gewaltsam aufrecht.

„O Gott, nicht mein, sondern Dein Wille geschehe", betete er mit ermatteter Stimme.

Ringsum begann sich neues Leben zu regen. Die ersten Strahlen der aufgehenden Morgensonne zitterten durch das dunkle Baumgeäst. Die Vöglein reckten, vom Schlafe erwachend, lebensfreudig die Flügel und schmetterten mit heller Stimme dem kommenden Tag entgegen. All das kleine Getier in den Sträuchern und Gebüschen wurde lebendig. Am Boden liefen geschäftig die Ameisen, die Schmetterlinge gaukelten um die süßen Blumenkelche, und flüchtig huschte zwischen den Farren die schimmernde Eidechse.

Pater Diaz fühlte sich zum Sterben müde. Was sollte nun aus ihm werden? Welcher Tod wartete seiner? War es durch den schnellen Dolch der Mörder, war es durch die schreckliche Pein des Hungers? Und seine Freunde? Ahnten sie die Gefahr? — Aber der hohe Opfermut und Opfersinn, den er seit Jahren geübt, zeigte sich auch in dieser Stunde stark. „Nimm hin, o Gott", so betete er, „nimm hin dies sterbliche Leben, und gib mir und den mir Anvertrauten das Leben der Ewigkeit mit seiner Wonne, mit seiner Seligkeit, welche Du selber bist."

Plötzlich war es ihm, als wenn sich seine Fesseln lösten. Träumte er? Nein, er träumte nicht. Seine Hände und seine Füße waren frei; er konnte sie bewegen, die Stricke waren gefallen. Einen Augenblick erhob er in stiller Andacht die blutenden Hände zum Himmel, dann wandte er sich um. Vor ihm stand Wunnestou, der Späher der Kichis.

„Manitu, der Große Geist", begann der Indianer, „hat Wunnestou ein dankbares Herz gegeben. Der Beter hat ihm das Leben gerettet, hat ihm die Freiheit gegeben. Wunnestou gibt das auch dem Beter zurück; der Beter ist frei."

Voll Dankbarkeit ergriff Pater Diaz die Hand des Indianers:

„Wie kommt Wunnestou, mein roter Bruder, hierher?"

„Wunnestou war in der Nähe der Bleichgesichter. Er weiß, was sie wollen. Er hat gesehen, wie sie den Beter gefangen nahmen, und er war hierher gefolgt."

„O möge der Große Geist meinen Bruder segnen und ihn zu seinem Kinde machen. Aber weshalb späht Wunnestou nach den Bleichgesichtern?"

Der Indianer schwieg einen Augenblick, dann sagte er:

„Die Bleichgesichter schleichen wie Schlangen durch die Wälder. Aber der rote Mann wird die Schlange zertreten und die Beute in seinen Wigwam führen."

„Kennt Wunnestou die Bleichgesichter von Nacogdoches, die jetzt am Sabine-River lagern?"

„Wunnestou kennt sie."

„Sie sind bedroht."

„Wunnestou weiß es."

„O mein Bruder, gehe, warne, rette sie!"

Der Indianer schüttelte den Kopf.

Seine Hände und seine Füße waren frei; er konnte sie bewegen, die Stricke waren gefallen (S. 81).

„Was Wunnestou tun konnte, das hat er getan; mehr darf er nicht tun. Er muß den Befehl seines Häuptlings erfüllen. Die Kichis hassen die Bleichgesichter, und nicht ohne Grund hat der Große Geist dem roten Manne den Tomahawk gegeben und seinen Arm stark gemacht. Der rote Mann wird sein Recht fordern und alle Unbild rächen.“

„O dann muß ich selbst zu ihnen. Die Unglücklichen! Sie sind verloren. . . . O Gott! Weshalb nahmst Du nicht mein Leben, um das ihrige zu schonen?“

Der Missionär wollte fort, aber der Indianer hielt ihn zurück.

„Der Beter darf nicht zu ihnen, sonst ist er verloren; er kann sie nicht retten. Kennt der Beter das Steinhaus dort am Ende der Prärie?“

„Ja, es gehört dem Mister Bordon.“

„Dorthin möge sich der Beter begeben, dort wird er bald von seinen weißen Brüdern hören. Wunnestou muß jetzt gehen.“

„O möge der Große Geist meinen roten Bruder führen“, rief Pater Diaz. Er umarmte den Wilden und zeichnete ihm das Zeichen des heiligen Kreuzes auf die Stirne. Wunnestou ließ es geschehen.

9. Der Überfall.

Die warmen Strahlen der Morgensonne hatten die müden Schläfer am Sabine-River geweckt und neues Leben in die Lagerzelte gebracht. Die Feuer wurden angefacht und die Wasserkessel aufgesetzt. Die Knechte trieben die Tiere zur Tränke, dann wurde zum Aufbruch gerüstet. Ein jeder hatte die Hände voll Arbeit, und keinem war die Abwesenheit Mister Jacksons aufgefallen. Erst als der Zug sich in Bewegung setzte, traf derselbe mit Mister Allen zusammen.

„Good morning — Guten Morgen — Mister Jackson“, rief letzterer seinem Gaste entgegen. „Wie habt Ihr geschlafen?“

Thank you, Sir — Danke, Herr. — Wie's sich eben nach solcher Fahrt schlafen läßt.“

„Wenn Ihr uns bis Nacogdoches begleiten wollt, so seid Ihr mir willkommen. Das Pferd des alten John läuft ohnedies ohne Reiter. Ihr könnt es besteigen.“

Jackson nahm das Anerbieten an.

„Wollt Ihr jetzt über die Sabine, Sir?“ fragte er dann.

Mister Allen nickte.

„Und das wollt Ihr hier wagen?“ rief Jackson. „Einige Schritte flußaufwärts ist das Wasser viel ruhiger.“

„Aber auch tiefer“, ließ sich eine Stimme vernehmen.

„Mann, was wißt Ihr davon?“ blitzte Jackson auf. „Wollt Ihr einem alten Trapper die Wege lehren?“

„Mister Jackson, seht zu, wen Ihr vor Euch habt“, wandte Mister Allen ein. „Es ist William, unser Führer. Ich kann es Euch in die Hand versichern, daß er uns bisher noch keinen schlechten Weg gehen ließ.“

„So, Mister William?! — Freut mich, Sir, Euch kennen zu lernen.“

„Hier ist Euer Pferd, Trapper, und rasch hinauf. Seht, die ersten Tiere sind bereits im Wasser. Sie haben sicheren Schritt und Boden.“

Mister Allen spornte sein Pferd, und William folgte ihm. Jackson wandte sich hingegen zur Nachhut des Zuges.

Der Übergang ging gut von statten. Am andern Ufer wurde der Zug von neuem geordnet. Mister Allen ritt mit William an der Spitze; dann folgten die mit den Waren beladenen Tire. Eine Anzahl bewaffneter Knechte bildete den Schluß. Zu diesem hatten sich auch Jackson und der Indianer geschlagen. Letzterer schien den Trapper gar nicht weiter zu beachten.

William lenkte zunächst in die Ebene hinab, dann aber wandte er sich wieder nördlich, dem Hügellande zu. „Wir sparen uns den Umweg", sagte er zu Mister Allen, „und vermeiden die Späher der Rothäute."

Gegen Mittag erreichte man einen Talkessel. Es wurde kurze Rast gemacht. Man koppelte die Packtiere zusammen und legte den Pferden eine kurze Kniefessel an. Plaudernd traten die Männer zusammen. Von den übrigen unbeachtet, hatte sich der Indianer im Schatten der Tiere gelagert, aber sein scharfes Auge war auf Jackson und William gerichtet. Es war ihm nicht entgangen, wie beide verstohlen einige Worte sich zugeflüstert hatten. Auch wußte er ja, daß die Karawane in der Davis-Schlucht überfallen werden sollte. Zu derselben konnte man gut in einer Stunde gelangen. Der Feind mußte also bereits in der Nähe sein. Jackson und William standen zwar bei verschiedenen Gruppen der Leute, aber beide hatten sich so gestellt, daß ihr Ausblick nach Norden hin frei war. Der Indianer hatte auch dies bemerkt und folgte mit seinen Augen dieser Richtung. Dort, wo der Weg eine scharfe Biegung um die Hügelkette machte, fiel sein Blick auf eine mächtige Schwarzeiche, die sich stolz mit breitem Geäst über die übrigen Bäume erhob. Aber die Entfernung war zu groß; der Indianer konnte nichts genauer unterscheiden. Eben wollte er sein Auge wieder auf die beiden Weißen richten, als er bemerkte, daß aus dem Baumwipfel etwas wie ein Tuch hin- und hergeschwenkt wurde, und dann verschwand. Jetzt wußte der Indianer genug. Leise stand er auf, und unbemerkt schlug er sich in den Wald.

Die Tiere hatten gerastet, und man brach wieder auf. Die Hügel zu beiden Seiten des Weges begannen mehr und mehr zu steigen. Eine gute Stunde mochte verflossen sein, als man eine weite Talschlucht erreichte. Die Bergwände waren mit dichtem Wald besetzt. Der Berg auf der südlichen Seite fiel steil in die Prärie hinab und war von hier schwer zu ersteigen, wenigstens für jene, welche den schmalen Bergpfad, der nur von den Indianern benutzt wurde, nicht kannten. Dagegen war der Bergrücken auf der nördlichen Seite der Talschlucht leicht zu erreichen, wenn man von Nacogdoches herunter kam, denn von da fällt das Land allmählich bis zu den Niederungen des mexikanischen Golfes.

Durch den schwierigen Weg ermüdet, bewegte sich der Zug nur langsam voran. Jetzt lenkten die ersten Tiere in die Davis-Schlucht ein. William gab plötzlich seinem Pferde die Sporen und sprengte um ein gutes Stück dem Zuge voraus. Jackson war bereits am Eingang der Schlucht zurückgeblieben. Man mochte ungefähr die Mitte des Talkessels erreicht haben, als ein scharfer Pfiff von dem zur Rechten liegenden Berghügel ertönte. Mister Allen hielt sein Pferd und blickte zum Walde hinüber. In demselben Augenblicke krachte aber auch schon ein Schuß. Das Pferd machte einen Satz und brach zusammen. Nur mit knapper Not gelang es Mister Allen, aus dem Sattel zu kommen.

Mit dem Schuß war das Zeichen zum Angriff gegeben. Von drei Seiten wurde der Zug überfallen. William hatte sich am Ausgang der Schlucht an die Spitze seiner Kameraden gestellt, dasselbe tat Jackson im Rücken der Expedition. Mit wildem Geschrei brach eine dritte Abteilung aus dem Walde. Der Angriff geschah so plötzlich, daß die Bedrohten vor Schreck wie gelähmt dastanden. Auch die Tiere waren unruhig geworden, und eine unheilvolle Verwirrung drohte alles zu verderben. Mister Allen erkannte die Gefahr und rief mit lauter Stimme:

„Ruhig, Leute! Schließt ein Viereck! Schnell, und die Gewehre hoch!“

Der Befehl wurde ausgeführt, und die Leute gewannen wieder die ruhige Fassung.

„Ergebt Euch, Mister Allen", schrie der Anführer der Bande, welche von rechts aus dem Walde stürmte. Es war eine kleine, untersetzte Gestalt in phantastischem Aufputz. Der kurze, lederne Jagdrock war mit breiter Silberborte besetzt, und ein roter Schal umwand die Hüften. Ein breiter spanischer Sombrero überschattete das Gesicht.

„Ergeben?" rief Mister Allen. „Nie und nimmer! Leute, wir müssen für unser Leben kämpfen, denn Red-Jack kennt kein Erbarmen."

Wieder ertönte ein schriller Pfiff, und von drei Seiten krachten die Gewehre. Zwei Knechte und einige Tiere stürzten getroffen zu Boden. Dann umzingelten die Banditen den Zug, und von allen Seiten stürzten sie auf denselben los. Sie waren in der Überzahl, und nach verzweifeltem Widerstande wurde Mister Allen mit seinen Leuten überwältigt.

„Wo ist der braune Kuttenträger?" forschte Red-Jack. „Mit ihm habe ich noch eine ganz besondere Abrechnung. Er wollte uns den Fang verderben. Seine Addays kamen aber zu spät."

Jackson trat zum Kapitän und berichtete den Vorfall, wie er sich am Morgen zugetragen hatte.

„Gut, vortrefflich", lachte der Anführer. „Noch diese Nacht soll er an seinem eigenen Stricke aufgeknüpft werden."

Er rief zwei von seinen Leuten, und diesen erteilte er den Befehl, so schnell als möglich Pater Diaz herbeizuschaffen. Kaum hatten sie die Talschlucht verlassen, da stimmten die Kichis ihr wildes Kriegsgeheul an.

Quayhamkay, die Steinschuppe, hatte, nachdem er die Weißen verlassen, sich rasch nach Süden gewandt, und war dann vorausgeeilt. Er kannte genau den verborgenen Saumpfad und fand ihn bereits von seinen Kriegern besetzt. Von dem bewaldeten Berggipfel aus hatten sie ruhig dem Kampfe zugeschaut. Jetzt, da ein Teil der Bleichgesichter erschossen oder gefangen am Boden lag, und die andern sich einem sorglosen Siegestaumel hingaben, war ihre Zeit gekommen. Geräuschlos waren sie durch den Wald herabgestiegen, und jetzt, als Quayhamkay, ihr Häuptling, das Zeichen zum Angriff gegeben, stürzten sie wie eine Rachewolke daher.

Die Räuber hatten ihre Gewehre ergriffen und zogen sich rasch hinter die zusammengetriebenen Tiere zurück, um hier Deckung und womöglich freien Rückzug in den Wald zu gewinnen. Aber Quayhamkay erriet ihre Absicht und warf ihnen sofort einen Teil seiner Leute in den Rücken. Red-Jack sah sich von den Indianern umzingelt, und nur ein kühner Handstreich konnte hier retten.

„Gewehre vor! Dem Walde zu!“ kommandierte er. „Feuer!“

Ein Feuerstrahl zuckte in die dichten Reihen der anstürmenden Kichis, und ein Wutgeheul kam aus ihren Kehlen, als eine Anzahl ihrer Krieger getroffen zu Boden sank. Sie stürzten auf den Feind, der keine Zeit mehr hatte, von neuem zu laden. Man arbeitete mit Messern und Kolben.

Allen voran stürmte Quayhamkay. Mit einem mächtigen Schlachtbeil hieb er alles nieder, was sich ihm in den Weg stellte. Jetzt hielt er inne, und seine Augen spähten umher. Dort stand Jackson. Die Zeit der Rache war da. Mit wildem Freudenruf stürmte der Häuptling voran. Jackson erblickte den rasenden Indianer. In fieberhafter Eile versuchte er eine Kugel in den Gewehrlauf zu schieben und das Gewehr in Anschlag zu bringen. Der Häuptling war seinen Bewegungen gefolgt.

„Stirb, falsches Bleichgesicht!“ schrie er.

Das Beil durchschnitt zischend die Luft, und laut aufschreiend brach Jackson zusammen: „Mönch, du hast wahr gesprochen. Gott sei meiner Seele gnädig.“

Der Indianer blieb Sieger. In wilder Rachelust beugte der Häuptling der Kichis sich über den Erschlagenen. In seiner Rechten blitzte das Skalpmesser, ein breites, zwei Hand langes Messer, das nach heidnischem Brauch jeder Indianer in der aus Bärenfell verfertigten Scheide bei sich trägt. Die Sitte, dem erschlagenen Feinde den Skalp zu nehmen, war bei allen Indianerstämmen Nordamerikas üblich. Die Art und Weise war folgende:

Der Sieger faßte mit der Linken den Haarbüschel, die sogenannte Skalplocke, oben am Schopfe des Kopfes, wo der Knochenwirbel endet, zog dann in scharfem Messerschnitt mit der Rechten einen Kreis von der Breite einer Handfläche um den Schädel und trennte mit einem Ruck die Kopfhaut aus. Der Skalp war genommen. Derselbe wurde getrocknet und als Zeichen des Sieges aufbewahrt. Nachdem er in besondern Festlichkeiten gefeiert worden, ward er entweder an den Lanzenschaft oder an das Kriegsbeil befestigt, oder auch man zerschnitt ihn in schmale Streifen und benutzte diese als Fransenschmuck der Leggins. Zu selbigem Zwecke dienten auch die Haare der Erschlagenen. War dem Sieger Zeit gegeben, und brauchte er nicht für den eigenen Skalp zu fürchten, so schnitt er dem Feinde die Haare ab und nahm sie mit in seinen Wigwam. Hier verfertigte ihm daraus die Squaw eine kostbare Zierat, die einem Indianer über alles ging.

Die gefangenen Weißen, unter ihnen auch Red-Jack, wurden gefesselt und zu den übrigen Gefangenen geworfen. Dann machten sich die Indianer in ihrer Siegesfreude über die erbeuteten Sachen her.

„Der T . . . . . hole die roten Halunken", fluchte Red-Jack, und zerrte wütend an den Stricken.

„Erkennt hierin Gottes Strafe", sagte neben ihm eine Stimme.

„Aha, Ihr seid es, Mister Allen. Gute Gesellschaft. Verdammt! Die Rothäute haben mich um eine Freude gebracht: Ihr solltet mit dem v . . . Mönche dort in den Ästen baumeln."

„Was hat Euch der Mönch getan?"

„Haha! Interessiert Euch das? So wißt, daß man nicht ungestraft dem Red-Jack die rote Meute auf die Fersen hetzen darf. Der Mönch ist festgelegt."

„So habt Ihr ihn gefangen?"

„Ei, natürlich haben wir das. Er wollte Euch besuchen, und wir haben ihm einen solchen Besuch nicht gestattet. Er wartet jetzt noch auf meine Erlaubnis am Sabine-River, und wenn wir nicht erscheinen, wird er wohl mit dem Baum, an den er gebunden, lebendig verwachsen."

„Das ist unmenschlich! Er muß verhungern . . ."

„Pah! Solche Kuttenträger sind das Fasten gewohnt!"

„Denkt an Euren Tod . . ."

„Vorläufig noch nicht, Mister Allen. Meint Ihr, meine Leute ließen ihren Kapitän im Stich? Und wenn die Indianer einfach unsern Skalp haben wollten, so hätten sie ihn kurzerhand genommen, was dann allerdings fatal geworden wäre. So haben sie aber etwas anderes mit uns vor. Das wird sich morgen schon zeigen."

In der Schlucht waren die Feuer angezündet worden. Lachend und schmausend hockten rings die Kichisindianer. Nach einer Weile erhoben sich die jungen Krieger, um den Skalptanz zu beginnen.

10. Wumpantomie.

Der Skalptanz war eine Sitte, die, gleich dem Skalpnehmen, bei allen nordamerikanischen Indianern sich vorfand. Er wird zur Feier eines Sieges in der Nacht beim Fackelschein veranstaltet. Nachdem nämlich dem Feinde der Skalp genommen, muß er fünfzehn Nächte hindurch „betanzt" werden. Wenn sich die Krieger bereits im Lager befinden, wird eine Anzahl junger Frauen dazu benutzt, um im Kreis der Krieger die auf den Lanzen befestigten Kopfhäute der erschlagenen Feinde zu halten; sonst aber werden die Lanzen einfach in den Boden gesteckt und um dieselben im Kreise getanzt. So geschah es hier.

Die jungen Kichis standen vom Feuer auf und der Tanz begann. In gleichmäßigem Takte hoben sie die Beine und stampften auf die Erde und umtanzten so, oder vielmehr umsprangen die aufgestellten Lanzen. Dabei rühmte ein jeder in überschwenglichen Ausdrücken die Großtaten seiner Tapferkeit. Sie heulten und schrieen, so daß die Gefangenen meinten, ihr letztes Stündlein wäre gekommen. Klirrend schlugen die Tänzer ihre Waffen zusammen und immer wilder wurden die Sprünge. Es hatte den Anschein, als ob einer den andern in Stücke zerhauen wollte, denn eine rasende Wut erfaßte die tanzenden Krieger, ihre Gesichtsmuskeln verzerrten sich zu schrecklichen Grimassen, die Augen traten funkelnd aus ihren Höhlen, und knirschend schlugen die Zähne aufeinander. Alles das war ein Abbild und eine Darstellung der überstandenen Schlacht, und die harzigen Baumäste, die als Fakeln dienten, ließen in ihrer düsteren Glut das ganze Bild noch schauriger erscheinen, ein Nachtbild des wiederaufgelebten Heidentums mit seinen Schrecknissen und Greueln.

Die Nacht war bereits weit vorgeschritten, als die Indianer sich zur Ruhe legten, aber nur für kurze Zeit. Bereits am frühen Morgen wurden die Pferde eingetrieben und die Maultiere bepackt. Die Gefangenen wurden auf die Tiere festgebunden und in die Mitte genommen. Dann ging es in Eile aus den Bergen in die Ebene hinab.

Die Kichis bildeten einen der früher so zahlreichen Indianerstämme von Texas. Heute aber sind sie längst dahingeschwunden, gleich so vielen andern Stämmen des roten Volkes.[10]) Ihre Wigwams standen im östlichen Texas, an der unteren Sabine.[11]) Charakterzug der Kichis war List und Verschlagenheit. Sie waren deshalb selbst von den übrigen Indianern gehaßt und verachtet.

Gegen Abend erreichte man ein kleines Gehölz. Hierhin wurden die Pferde gelenkt, und dann abgesattelt. Die Kichis befanden sich bereits in ihren Jagdgründen, und sie überließen sich deshalb einer sorglosen, wilden Siegesfreude. Einige der erbeuteten Fässer mit Feuerwasser wurden herbeigerollt, und ein jeder suchte soviel als möglich davon für sich zu erobern. Die Wirkungen blieben auch nicht aus. Die sonst so wachsamen Augen der Indianer wurden blind und bemerkten nicht, wie zwei glühende Augensterne aufmerksam das tolle Treiben am Feuer beobachteten, bemerkten nicht, wie dann ein Reiter pfeilschnell über die Prärie dahinjagte, und wie es nicht lange währte, bis er wieder erschien, und ein zweiter Reiter folgte ihm, ein dritter, ein vierter, und so fort und fort, wie jetzt der Anführer in großem Bogen nach rechts schwenkte, und ein Ring von Bewaffneten sich um das Gehölz bildete, der sich enger und enger um die Kichis zusammenzog. Wohl hatten sie Wachen ausgestellt, aber auch diese hatten von dem Feuerwasser getrunken und waren eingeschlafen. Dreimal ertönte der Ruf des wilden Falken, und die Reiter spornten die Pferde. Ein Schuß krachte durch die stille, sternenhelle Nacht, und das Kampfgeschrei der Addays ertönte. Wumpantomie nahte mit seinen Leuten.

Den Anordnungen des Pater Diaz gemäß war der Addays-Häuptling nach Nacogdoches geritten. Bei seiner Ankunft daselbst hatte er aber die Bleichgesichter, die er suchte, nicht vorgefunden und daraus gefolgert, daß dieselben den Plan geändert haben müßten. Zudem meldeten bald die ausgesandten Spione, daß eine Spur von Reitern südöstlich nach dem Sabine-River ginge. Es wurde dem Häuptling nun sofort klar, was das zu bedeuten habe, und eine schwere Sorge um den Beter bemächtigte sich seiner Seele. Er benachrichtigte den Kommandanten des Forts von Nacogdoches, und dieser versprach, einen Teil seiner Dragoner den Bedrängten zu Hilfe zu senden. Die Indianer machten sich sofort auf den Weg an die Sabine, aber sie kamen bereits zu spät und konnten den Überfall nicht mehr verhindern. Sie waren hierauf den Spuren der abziehenden Kichis gefolgt.

Die Kichis hatten keine Ahnung gehabt von der Nähe der Addays, und nun stürmten diese von allen Seiten auf sie ein. Sie griffen wohl zu den Waffen, aber nur wenige konnten einigen Widerstand leisten. Quayhamkay hatte zähneknirschend zu seinem Schlachtbeil gegriffen, und wütend trieb er seine trunkenen Krieger auf. Jetzt erblickte er den Häuptling der Addays. Ohne sich weiter zu besinnen, stürzte er auf ihn los. Einige Schritte vor seinem Feinde blieb er stehen.

„Wie falsche Präriehunde sind die Addays herangeschlichen, um dem Bären die Beute zu rauben, aber der Bär wird die Hunde mit seiner Tatze zu Boden schmettern.“

So spottete Quayhamkay und schleuderte das Beil auf Wumpantomie. Dieser aber wich zur Seite, und zischend schlug das Wurfgeschoß in die Rinde eines Baumes. Als Quayhamkay sah, daß er sein Ziel gefehlt, riß er sein Skalpmesser aus dem Gürtel und warf sich auf den Gegner. Abermals wich dieser geschickt aus und fiel dem Angreifer in den Rücken. Mit eiserner Faust erfaßte ihn Wumpantomie im Nacken und warf ihn zu Boden. Noch im Fallen holte Quayhamkay zum Stoß nach dem verhaßten Feinde aus, aber er stürzte so unglücklich, daß ihn sein eigenes Messer durchbohrte. Mit lautem Aufschrei brach er zusammen. Was von den Kichis fliehen konnte, floh; die übrigen wurden zu Gefangenen gemacht. Die Addays durchschnitten alsbald den Weißen die Fesseln. Kaum fühlte sich aber Red-Jack frei, als er auch schon nach einem Pferde stürzte.

„Wo ist der Beter?“ rief Wumpantomie seinen Kriegern zu.

„O rette, rette ihn!“ schrie eine Stimme.

Es war Mister Allen, der herbeieilte.

„Sie haben ihn gefangen . . . dort . . . haltet ihn . . .“

„Wer hat es gewagt, den Beter gefangen zu nehmen?“

So spottete Quayhamkay und schleuderte das Beil auf Wumpantomie. Dieser aber wich zur Seite, und das Wurfgeschoß schlug in die Rinde eines Baumes (S. 100).

„Das geschah auf meinen Befehl, du Rothaut", höhnte Red-Jack vom Pferde. „Suche ihn nur, wenn du kannst. Er ist in meiner Gewalt. Leute, voran!"

Mit diesen Worten gab er dem Pferde die Sporen und jagte davon. Einige seiner Leute folgten ihm, aber sie waren weniger glücklich bei der Flucht. Die Addays warfen sich sofort auf die Pferde, um die Flüchtlinge einzufangen. Nur Red-Jack entkam.

Wumpantomie berief seine Krieger zur Beratung, und Mister Allen berichtete alles, was er erfahren hatte. Darnach mußte also Pater Diaz am Sabine-River, unweit der Stelle, wo die Expedition den Fluß überschritten hatte, überfallen worden sein. Wumpantomie hatte rasch einen Plan entworfen. Ein Teil seiner Leute sollte die Gefangenen mit den Waren nach Nacogdoches bringen, ein anderer Teil sollte mit ihm nach dem Sabine-River reiten.

„Ich reite mit", sagte Mister Allen. „Deine Krieger und meine Knechte sind zahlreich genug, die Expedition nach Nacogdoches zu führen. Mich kümmert das Schicksal meines Freundes."

Sofort brach man auf. Heller Mondschein leuchtete jetzt vom Himmel herab, und die Pferde griffen aus.

Mit dem neuen Tage hatte man die Straße erreicht, welche an den Sabine-River von Westen herführt. Wumpantomie entdeckte im Sande die Spur eines Reiters. Sie führte in den Hohlweg, in welchem

Pater Diaz überfallen worden war. Der Häuptling gebot Halt und untersuchte den Ort. Dann stieg er wieder auf und ritt den Weg eine Strecke weiter zurück. Einer der Addayskrieger fand an den wilden Dornbüschen einen braunen Tuchfetzen. Er bewies, daß man sich auf richtiger Fährte befand. Noch leichter war die Spur in dem weichen, feuchten Waldboden zu finden, und so erreichte man bald die große Schwarzeiche.

„How, How!" rief Wumpantomie, indem er auf die Stricke zeigte, welche noch am Boden lagen. „Der Beter lebt und ist frei."

„Oder ist ermordet worden", sagte Mister Allen.

Wumpantomie, der wieder sein scharfes Auge auf den Boden gerichtet hatte, schüttelte das Haupt: „Nein, die Spur ist alt, und hier war ein Mokkasin. Ein roter Mann hat den Beter befreit. Der Beter aber ist allein südwärts weitergegangen."

Wieder wurde die Suche aufgenommen. Es ging durch das wirre Gestrüpp bis an den Rand der Prärie. Hier blieb der Häuptling sinnend stehen, und dann sagte er:

„Der Beter ist gerettet. Er ist zum Steinhaus am Creek jenseits der Prärie gegangen. Dort werden die roten Kinder den Vater finden."

11. Der Präriebrand.

Hart am Rande der Prärie, die hier wegen der mehr steppenartigen Beschaffenheit den Namen Llano trägt, lag das Gehöft des Mister Prentis Bordon. Der Mann war durch seine Biederkeit weit und breit bekannt. Den benachbarten Farmern war er freund, dem roten Manne war er nicht feind. Leben und leben lassen, so lautete der Grundsatz, den er befolgte. Er gehörte mit zu den ersten Empressarios (Ansiedlern), die aus den Vereinigten Staaten nach Texas eingewandert waren. Die mexikanische Regierung jenseits des Rio Grande sah sie nicht gerne kommen, diese Amerikaner mit dem kalten, berechnenden Verstande und mit den rührigen Armen. Durch welche Schwierigkeiten mußten sich M. Austin und sein Sohn Stephan hindurchkämpfen, bis sie aus Mexiko die Erlaubnis zu ihren Kolonisationsversuchen erhielten! Nach ihnen waren es dann Männer wie de Witt und Haden Edwarts, welche die ersten Pioniere amerikanischer Unternehmungslust wurden. Sie erlangten von der Regierung große

Landstriche, von denen sie kleinere Teile, sogenannte Clans, an die Empressarios verteilten.

Mit Energie und umsichtigem, praktischem Blick war Mister Bordon ans Werk gegangen. Erst war inmitten des ihm überwiesenen Landes ein kleines Blockhaus entstanden. Aber schon nach wenigen Jahren mußte es einem schöneren Bau aus festgefügten Quadersteinen weichen, ein Kunstwerk in den Augen der Indianer, die nicht genug das ‚steinerne Wigwam' bewundern konnten. Rings um das Wohnhaus war mit der Zeit mancher Ackergrund umgepflügt worden, und die wohlgepflegten Viehherden rückten immer weiter in die Prärie hinaus.

Diesem Gehöft näherte sich eine Schar Indianer. Es war Wumpantomie mit seinen Kriegern. Hier hoffte er den Beter zu finden. Einige hundert Schritte mochte man noch von der Umzäunung des Hauses entfernt sein, als am Horizonte drüben in der Prärie gleichfalls eine Anzahl Reiter auftauchten. Auch sie schienen die Farm zu ihrem Ziele zu haben. Die Indianer hielten ihre Pferde an, und einige Krieger sprengten den Ankömmlingen entgegen. In Sehweite angelangt, kehrten sie dann um und meldeten: „Die Langmesser (Soldaten) aus Nacogdoches." So war es. Mister Roque führte einen Trupp Soldaten zur Hilfe herbei. Sie wurden willkommen geheißen.

„Seid Ihr noch am Leben, Mister Allen?"

„Wie Ihr seht, Mister Roque, ja. Nächst Gott habe ich das diesen wackeren Rothäuten hier zu verdanken und jenem, den wir suchen, unserm guten Pater Diaz.“

„Wir hofften, Euch an der Sabine zu finden, hörten aber dann von Eurem Unglück in der Davis-Schlucht. Dort fanden wir die Spur von zwei Reitern. Wir folgten ihr, und so gelangten wir bis in die Prärie, wo wir die Addays erblickten. Und nun haben wir wider alles Erwarten Euch selbst gefunden.“

Mister Allen erzählte hierauf in kurzen Worten alles, was vorgefallen war.

„Wie, mein guter Oheim ist in die Hände dieses Schurken, des Red-Jack, geraten?“ rief erbleichend ein junger Mann und trieb sein Pferd in die Nähe des Erzählers.

„So ist es, Mister Antonio Aviles. Red-Jack verriet es mir selbst. Ich glaube übrigens, daß einige seiner Leute schon vor dem Überfall der Kichis Befehl erhalten hatten, Euren Oheim zu beseitigen.“

„Barmherziger Himmel“, seufzte Antonio Aviles mit tränenerstickter Stimme. „Schütze den Bedrohten.“

„Wumpantomie hier behauptet, daß ein Indianer ihn befreit habe, und daß wir ihn wahrscheinlich bei Mister Bordon finden würden.“

Der Häuptling nickte stumm. Er war nachdenklich geworden.

„Wo hat mein weißer Bruder die Spur der beiden Reiter bei der Davis-Schlucht gesehen?“ wandte er sich jetzt an Mister Roque.

„Dort“, antwortete dieser, und er deutete mit der Hand in die Prärie, „dort kann sie Wumpantomie noch deutlich sehen; sie führt nach Süden weiter.“

Der Häuptling befahl zweien seiner Leute, der Spur zu folgen, und lenkte dann sein Pferd dem Gehöfte zu. Mister Bordon hatte bereits die Reiter bemerkt. Er trat ihnen entgegen und hieß sie willkommen. Die erste Frage lautete sofort nach Pater Diaz. Der Farmer nickte:

„Der Pater war hier gewesen. Seit heute morgen aber ist er fort, nach St. Augustine hinunter.“

Bittere Enttäuschung malte sich auf den Gesichtern der Männer, und neue Besorgnis stieg auf.

„Der gute Pater“, so erzählte jetzt Mister Bordon weiter, „kam gestern abend ganz müde und erschöpft hier an. Er muß Schreckliches überstanden haben, aber sein fröhlicher Sinn und seine Gottergebenheit hatten ihn nicht verlassen. Heute morgen wollte er weiter. Ich bat ihn, sich doch zu schonen und zu bleiben, er aber sprach von einem Kichisindianer, den er vergebens erwarte, und den er aufsuchen müsse. In aller Frühe hat er das Haus verlassen, und eine seltsame Rührung erfaßte dabei sein gutes Herz. Er sagte mir Lebewohl, als wenn es ein Scheiden für immer gewesen wäre. Noch in den letzten Augenblicken hat er einen Brief geschrieben. Er bat mich, denselben an Dr. Manuel Santos in Nacogdoches auszuhändigen. Mister Allen, Ihr würdet mir einen großen Gefallen erweisen, wenn Ihr das Schreiben mitnehmen wolltet."

„Das will ich gerne tun", rief dieser, „doch was nun?"

Die Männer beratschlagten, und es wurde beschlossen, Pater Diaz aufzusuchen, um so aller Ungewißheit über sein Schicksal enthoben zu sein. Der Weg wurde also wieder aufgenommen. Derselbe führte zunächst eine Zeitlang an einem Waldsaum entlang, bald aber drängte die Grassteppe den Wald nach Osten weiter zurück, und man befand sich wieder in den Llanos. Ein gutes Stück war man bereits vorwärts geritten, als die Pferde unruhig die Köpfe zurückwarfen und die Nüstern blähten. An allen Gliedern begannen die Tiere zu zittern, und sie weigerten sich, weiter voranzugehen. Wumpantomie, welcher an der Spitze des Zuges geritten war, richtete sich im Sattel auf. Er sog tief die Luft ein und deutete dann auf ein dünnes Rauchwölkchen, das am Horizonte aufstieg. Die Männer folgten der Handbewegung des Häuptlings, und sie bemerkten jetzt einen kleinen Feuerfunken, der unruhig in der Ferne hin- und herhüpfte; kein Zweifel mehr: die Prärie stand in Flammen.

Eines der größten Unglücke, welches dem Reisenden in der Prärie begegnen kann, ist der Präriebrand. Wenn die heiße Sonne das dichte Gras dürr gebrannt hat, dann liegt das gefährliche Material massenweise aufgespeichert da, dann genügt ein winziges Fünklein, um in wenigen Minuten ein riesengroßes Feuermeer heraufzubeschwören. Knisternd springt der Funke von Halm zu Halm, von Büschel zu Büschel, jetzt ein Windstoß, — und die Feuerschlange hüpft auf, schrecklich in ihrer Schnelle, unersättlich in ihrem Hunger. Von Minute zu Minute wächst sie nach allen Richtungen, und immer weiter und breiter recken sich ihre Glutarme. Sie rast mit den Flügeln des Sturmwindes, und alles dient ihr zur Nahrung: Pflanzen, Tiere und Menschen.

Wumpantomie wandte sofort sein Pferd, die übrigen folgten. Es war keine Zeit zu verlieren. Aus der Ebene erhob sich ein kleiner Sandhügel. Nur wenige Grasbüschel hatten sich hier heraufgewagt, und hierhin lenkte nun der Häuptling. In fieberhafter Eile wurde das Gras im weiteren Umkreis ausgerissen, um die Gefahr so weit als möglich sich vom Leibe zu halten. Schon nahte der Brand. Eine Menge Tiere jagte er vor sich her. Sie hatten die gegenseitigen Feindseligkeiten abgelegt, alles drängte nur voran. Es war ein Rennen auf Leben und Tod. Ein dumpfes Gebrüll erfüllte die Luft, aber der verfolgende Feind war schneller, und ein Opfer nach dem andern verschwand in seinem feurigen Magen. Die Männer auf dem Sandhügel, die hier soweit in Sicherheit waren, erblickten plötzlich in der brennenden Ebene drei Reiter, die in rasender Schnelligkeit ihrem Standort zueilten. Das Pferd des letzten derselben war bereits erschlafft und strengte seine Kräfte an, aber vergebens. Die glühende Luft benahm ihm den Atem. Das Tier stürzte. Ein gellender Aufschrei, und Mann und Roß verschwanden in dem wogenden Glutmeer.

Schweißtriefend, mit keuchender Brust, hielten die zwei andern Reiter am Hügel. Man eilte ihnen entgegen. Es waren die beiden Addays-Indianer, welche Wumpantomie ausgesandt hatte. Nachdem einer der Männer den Erschöpften seine Wasserflasche gereicht und dieselben sich erholt hatten, erzählten sie, was ihnen begegnet war. Sie seien der Spur der erwähnten Reiter gefolgt. Dieselbe habe schließlich in diesen Teil der Prärie geführt. Sie wären dann zu einem Gehölze gekommen, wo sie eine große Blutlache und den Rosenkranz des Beters gefunden hätten. Auf dem Wege, der nach St. Augustine weiterführe, hätten sie dann einen Reiter getroffen, der bei ihrem Anblick in die Prärie zu entfliehen suchte. Sie

In fieberhafter Eile wurde das Gras im weiteren Umkreis ausgerissen, um die Gefahr sich vom Leibe zu halten. Schon nahte der Brand (S. 109).

wären ihm gefolgt und seien so vom Feuer überrascht worden.

„Und wer war jener Reiter dort?“ frug Wumpantomie, indem er in die Flammen zeigte.

„Red-Jack, der Häuptling der Bleichgesichter mit gespaltener Zunge. Wir verfolgten ihn, denn er war der Mann, den wir in der Nähe des Gehölzes trafen, wo der Beter ermordet wurde.“

„Der Große Geist hat gerichtet“, sagte der Häuptling der Addays ernst.

Erschüttert blickten die Männer in die flammende Prärie. Nur ein schwarzer Knäuel war dort noch sichtbar, wo Red-Jack mit seinem Pferde gestürzt war. Das Feuer ging vorüber. Gegen Abend bedeckte sich der Himmel mit dunklen Wolken, und die Nacht brachte einen strömenden Regen.

12. Das Testament des letzten Franziskaners von Texas.

Nacogdoches spielt in der Geschichte von Texas, sowohl in religiöser als auch in politischer Beziehung, eine nicht unbedeutende Rolle. Es war im Osten der äußerste Grenzposten, den die Spanier gegen die Franzosen und später gegen die Amerikaner errichtet hatten. Die Stadt war im Jahre 1715 als Presidio und als Mission gegründet worden, denn so war es die Sitte der alten Spanier, die mit Schwert und Kreuz vorangingen. Ihre Niederlassungen waren immer ein politischer und ein religiöser Stützpunkt. Das Presidio bildete die Garnison der Soldaten; daran schloß sich die Mission mit Kirche, Schule und Kloster.

Die Gebäulichkeiten eines solchen Presidio wurden in einem Viereck erbaut und bildeten somit in der Mitte einen großen freien Platz, den sogenannten ‚plazza de armas'. Die äußern Wände und Wälle des Presidio formten eine Art Bastion, die mit einer Anzahl Öffnungen für Kanonen und kleinere Geschütze versehen war. Diese Presidio mit ihren hohen steinernen Mauern, engen Torwegen und dunklen Gewölben mußten einen unheimlichen, beengenden Eindruck auf die Indianer machen. Sie, die an die freie Prärie, an Licht und Sonnenschein gewohnt waren, liebten diese steinernen Wigwams der Bleichgesichter nicht, deshalb erbauten die Missionäre die Missionsstationen meistens außerhalb der Presidio, und nur bei Gefahr flüchteten sie mit den Christen hinter die schützenden Mauern des Forts.

Der Bau des Presidio von Nacogdoches stammte aus dem Jahre 1778. Kapitän Gily Barbo, Kommandant von Nacogdoches, hatte es an Stelle der alten baufälligen Befestigung erbauen lassen. Einige Blockhäuser lagen in der Nähe. Sie gehörten den Ansiedlern und Händlern, die hier sich niedergelassen hatten. Denn von Nacogdoches führte der berühmte ‚old San Antonio'-Weg über San Antonio quer durch Texas bis nach Mexiko hinein. Man kann sagen, daß ein gutes Stück texanischer Geschichte auf dieser Verkehrsstraße sich abgespielt hat. Sie war die Heerstraße der spanischen Söldnertruppen, die nach Osten zogen gegen die texassüchtigen Franzosen und Amerikaner, sie der Weg amerikanischer Empressarios, Trapper und Abenteurer, die sich beutelustig nach dem Westen aufmachten. Hieraus ergibt sich die Bedeutung von Nacogdoches. Ein französischer Edelmann, de Payes, bereiste 1766 Texas, und er hat uns die Mission Naquadock (Nacogdoches) beschrieben. Er erzählt, daß die ‚halbwilden‘ spanischen Soldaten des Presidio auf ihren Pferden so recht an die Rittergeschlechter vergangener Zeiten erinnert hätten. „Dieser spanische ‚bold-rider‘ (Draufgänger)“, sagt er, „trägt einen Küraß aus Antilopenleder, einen Schild, einen Karabiner und ein paar Pistolen. Mögen auch Ausrüstung und Waffen etwas schwerfällig erscheinen, die Leute haben Mut und sind vortreffliche Kämpfer.“

Eine neue Zeit für Texas brach mit dem 19. Jahrhundert an, und in Nacogdoches nahm sie ihren Anfang. Dasselbe bildete gleichsam den Torweg, durch den die Freiheit in den ‚lone Star Stat‘ einzog. Von hier aus hatte schon im Jahre 1797 Philipp Nolan als erster Amerikaner in Texas dreimal einen Versuch, in das Land einzudringen, gemacht, fiel aber dem Dolche der Mexikaner zum Opfer. Von hier aus zog dann 1806 Herrera, um im Verein mit Mayae zum ersten Male den Gedanken an eine freie, unabhängige Republik von Texas zu verwirklichen. Und von hier aus endlich ertönte 1819 an alle Texaner der Ruf, das mexikanische Joch abzuschütteln. Aber der Mexikaner war nicht gewillt, sein Texas so leichten Kaufes dranzugeben. Nacogdoches wurde wieder befestigt und Kolonel Piedras zum Befehlshaber ernannt. Jedoch der ‚lone Star‘ war einmal aufgegangen, und sein Lauf bis zur hellen

Mittagshöhe war nicht mehr aufzuhalten. Bald nahm der große Bowie Piedras gefangen, und Nacogdoches war für Mexiko verloren.

Das war die Lage in Nacogdoches zur Zeit unserer Erzählung.

Die alten Missionen der Franziskaner waren in diesen Wirren meistenteils zu Grunde gegangen. Pater Diaz de Leon hatte nur mehr auf Trümmern gestanden. O wie mußte ihm das Herz geblutet haben, wenn sein Blick hinschweifte über das öde Missionsfeld! Wo waren sie hin, die blühenden Gemeinden? Die Mission Dolores unter den Bidays? Die Mission an der Sabine unter den Addays, und die der Tonkeway am Trinity? San Saba unter den Apachen und Komanchen? Orquizakas am Jacinto? — Wilder Efeu rankte um die Ruinen, der Indianer irrte hirtenlos in der Prärie, und nun war auch der letzte jener wackeren Missionäre, die über ein Jahrhundert Gut und Blut für Texas geopfert hatten, dahingegangen.

Es war einige Tage nach dem Präriebrande, als eine Anzahl Reiter sich den Toren von Nacogdoches näherte. Tiefer Ernst lagerte auf den Gesichtern der Männer, und wie ein Leichenzug ritten sie schweigend voran. Aus dem Kommandantengebäude trat ihnen Kolonel Beans entgegen.

„Der Madonna sei Dank", sagte er, sich zu Mister Allen wendend, „daß wir unsern Freund wieder heil und gesund in unserer Mitte haben. Wo habt Ihr denn aber Pater Diaz gelassen? Wo ist er?"

„In der Ewigkeit!" erwiderte Mister Allen. „Wir sind vaterlos geworden. Ist Dr. Manuel Santos hier?"

„Hier bin ich", antwortete der Gesuchte.

„Ich habe Euch den letzten Brief aus der Hand unsers Pater Diaz zu überbringen. Er hat ihn in dem Hause des Mister Bordon geschrieben in der Nacht vor seinem Tode."

„O gebt ihn mir! Er soll mir zeitlebens ein kostbares Andenken sein und bleiben!"

Mister Allen überreichte ihm stillschweigend das versiegelte Schreiben.[12]) Er öffnete es mit zitternder Hand, und mit bewegter Stimme las er:

„Haus des Mr. Prenties Bordon.

Am Sonntag, den 4. November 1834, kehre ich in dies Haus ein, und es scheint mir, als ob es der letzte Tag meines Lebens sein werde. Gott weiß, warum. Ich richte meine schwache, sterbende Stimme an alle meine vielgeliebten Pfarrkinder von Nacogdoches, und ich rufe ihnen aus tiefstem Herzensgrunde mein letztes Lebewohl zu. Adios! Adios!

Zum letzten Male grüße ich sie von ganzem Herzen, und Tränen entquellen meinen Augen. Besonders grüße ich Mr. Roberts, Leutnant Kolonel Elis Bean, Mr. Adolph, meine Freunde Mrs. Allen, Roque und Chones, und alle und einen jeden, welche ich liebe in Christo Jesu. Lasset kund und offenbar werden das, was ich erbitte und vollziehe: Verzeihung von einem jeden und von allen, die ich beleidigt habe. Desgleichen verzeihe ich im Geiste, auf den Boden niedergeworfen, allen und einem jeden, die mich beleidigt haben, von ganzem Herzen, was immer es auch sein möge. Alle ohne Ausnahme drücke ich als meine lieben Kinder in der Liebe Jesu Christi, unsers Herrn, an mein Herz.

Auch dem Alkaden von Ayuntaniento, Don Juan Wora, rufe ich zu: „Leb' wohl! Leb' wohl! Amen! Amen! Amen!"

Diesen Brief, mit dem Ausdruck meiner Liebe, richte ich an Dr. Manuel Santos. Er möge ihn, wenn möglich, an alle meine Freunde senden, damit mein Herz allen meinen Pfarrkindern offenbar werde. Sie beschwöre ich bei den Wunden unsers Erlösers Jesu Christi, standhaft auszuharren in der Beobachtung der Gebote Gottes und der Verpflichtungen, die sie mit der heiligen Taufe übernommen haben. Auch bitte ich ihn, dies Schreiben meinem Neffen, Santos Antonio Avilles, auszuhändigen, damit er es abschreibe und er lebe im Andenken des Schreibers,

Frater Antonio Diaz de Leon."

Dr. Manuel Santos hatte den Brief zu Ende gelesen. Tiefe Stille herrschte im Kreise der Männer.

Vergebens suchten sie die Tränen zu verbergen, die ihnen über die Wangen in den Bart tropften. Ein jeder von ihnen fühlte, daß er einen Vater verloren hatte, und daß es eine große, eine heilige Liebe gewesen sein mußte, welche in dem edlen Herzen geschlagen, und die ihre letzten Worte als treues Vermächtnis in diesem Briefe niedergelegt hatte.

Endlich sagte einer der Männer: „Sein Tod ist für uns ein Verlust, für den Himmel aber ein Gewinn. Laßt uns seinen Lehren und seinem Andenken treu bleiben."

Und so geschah es. Zwar ist der Ort, wo die sterblichen Überreste des heiligmäßigen Missionärs ruhen, unbekannt geblieben, aber das Andenken an Pater Diaz de Leon lebt fort in Nacogdoches und in ganz Texas. Und wenn Rede ist von der heiligen Kirche Gottes, wie sie gekämpft, gelitten und gesiegt hat im Lande am Rio Grande und an der Sabine, dann wird man auch in Verehrung und Liebe sprechen von dem letzten Franziskaner von Texas.

Anmerkungen.

1. Kapitel. [1]) Über die Lebensschicksale des „Fray José Antonio Diaz de Leon" ist uns nach den zu Gebote stehenden Quellen wenig bekannt. Zum ersten Male finden wir diesen Namen in der „History of the Catholic Church in the Diocese of San Antonio, Texas. Compiled by Rev. Fathers P. E. Parisot and C. J. Smith, O. M. J." im VI. Kapitel S. 55. Da der Passus sehr gut die Lage der katholischen Mission in damaliger Zeit illustriert, so lassen wir ihn hier folgen:

„Die Indianermissionen wurden sämtlich im Jahre 1825 säkularisiert. Die Kirchen wurden ihres Inventars beraubt, die Indianer zerstreut, und alle wertvollen und brauchbaren Gegenstände fortgeschafft. Viae Sion lugent!

Ein sehr wichtiges Dokument ist das Original der Inventaraufnahme von den vier Missionen La Conception, San José, San Juan Capistrano und San Francisco de la Espade, das uns P. Bouchu bei Abfassung dieses Werkes freundlichst zur Verfügung stellte. Die darin aufgezählten Gegenstände beweisen, wie reichlich diese Missionskirchen mit kostbaren Gewändern, mit heiligen Gefäßen und mit andern kirchlichen Sachen versehen waren. Wir erwähnen nur einige dieser Gegenstände, welche der Mission La Conception angehörten: 80 Gewänder, 9 Statuen, 2 silberne Leuchter, 1 silbernes Kreuz, 2 Paar silberne Meßkännchen mit Teller, 1 silbernes Altarglöckchen (diese Glocke verschwand; Señor Cura Don Refugio de la Garza hat es zu verantworten), 1 silbernes Rauchfaß mit Schiffchen, noch einige Gegenstände in Gold und 182 andere Sachen werden ausführlich in dem Inventar angegeben. In diesem Dokument wird auch ausdrücklich hervorgehoben, daß die große Glocke in der Kirche von Bexar der Missionskirche La Conception angehört. Das Verzeichnis schließt mit den Worten: „Dies ist das Inventar der 4 Missionskirchen, die sich in der Nähe der Stadt San Fernando de Bexar befanden. Es wurde aufgenommen auf Befehl der Oberen, und die genannten Kirchen wurden dem kirchlichen Ordinariate der Diözese von Nuevo Reino de Leon am 29. Tage im Februar 1824 übertragen.

Francisco Maynes
Kaplan der alten Gemeinde von Bexar
und Pfarrer dieser Kirche.

Fray José Antonio Diaz de Leon
Vize-Präsident dieser Missionen,
commissionado al efecto."

Hier enden die Franziskaner-Missionen in Texas. Sie befanden sich bis 1813 in einem blühenden Zustande; dann wurden sie durch die spanische Regierung unterdrückt und ihre Indianer zerstreut. Einige derselben kehrten nach Mexiko zurück; die meisten verharrten verschiedenerorts in der Nähe der alten Missionen in treuer Anhänglichkeit an ihren Glauben. So blieben sie ohne Missionär bis 1832, als Pater Diaz de Leon von dem Bischof von Monterey nach Nacogdoches gesandt wurde. Aber keine lange Laufbahn war ihm beschieden. Um die nämliche Zeit siedelten sich zahlreiche Auswanderer aus den Vereinigten Staaten in Texas an, und viele von ihnen waren rohe wilde Grenzleute, voll Haß gegen die katholische Kirche.

Fray José Antonio Diaz de Leon war der letzte Franziskaner von Texas. Er war bekannt durch seine Tugenden und durch seine Verdienste. Er fühlte, daß er zum Tode verurteilt worden war, und daß er in irgend einem Augenblicke ermordet würde. Deshalb bereitete er sich auf seinen Tod vor."

[2]) Die Mission Unserer Lieben Frau de los Pilares de los Adaes war in der Nähe von Nacogdoches im Jahre 1715 durch den ehrwürdigen P. Antonio Margil gegründet worden. Dieser ehrwürdige Diener Gottes, der in der amerikanischen Kirchengeschichte eine so bedeutsame Rolle spielt, ward am 8. August 1655 zu Valenzia geboren und wirkte lange Zeit als Missionär in Queretaro (Mexiko). Von hier kam er nach Yuketan, wo er zu Guatemalo ein Missionskolleg gründete. Ein solches gründete er nach seiner Rückkehr nach Mexiko auch in Zacatecas. Dasselbe sollte sich um die Missionierung von Texas große Verdienste erwerben. P. Margil stellte sich selbst an die Spitze einer Schar von Missionären, überschritt den Rio Grande und gründete in Texas eine Anzahl von Missionsstationen, unter diesen auch die erwähnte Mission Unserer Lieben Frau de los Pilares. (History ꝛc. p. 12.)

[3]) Die Mission Orquizacas am Jacinto-River wurde 1715 gegründet, gleichfalls von Franziskanern-Mönchen aus dem Missionskolleg zu Zacatecas. (cf. Under six Flags. The Story of Thexas by M. E. M. Davis, p. 18.)

2. Kapitel. [4]) Mit diesem stolzen Titel „Lord von Galveston" schmückte sich der Pirat Jean la Fitte, der sich im Jahre 1817 auf der Insel bei Galveston niederließ. Er entstammte einer französischen Auswanderungsfamilie, die sich in Westindien niedergelassen hatte. Während eines Sklavenaufstandes flüchtete sie nach New-Orleans, wo La Fitte und seine Brüder das Schmiedehandwerk betrieben. Jean zeichnete sich durch eine mit körperlicher und geistiger Kraft begabte Herrscher-

natur aus, und er begann bald an der Louisianischen Küste den Schiffsschmuggel. In dem spanisch-englischen Kriege erhielt La Fitte die Erlaubnis, Jagd auf spanische Schiffe zu machen. Dadurch gelangte er zu einer großen Macht, und als mit dem Kriege auch sein eigenartiger „Jagdschein" erlosch, stellte er es seinen Leuten frei, entweder bei ihm als Piraten zu bleiben, oder nach Hause zurückzukehren. Mit der ihm ergebenen Mannschaft begann er sein Freibeuterleben. Hauptquartier wurde Galveston. Hier wehte seine Flagge, die der mexikanischen Republik, hier erbaute er eine Festung und warf sich selbst zum Gouverneur von Texas auf. (cf. History of Texas From its Discovery in 1685 to 1893, by M. Brown, p. 53—56, desgl. M. Davis, l. c. p. 42.)

[5]) Das neutrale Gebiet war ein Landstrich von etwa 33 Meilen, und es erstreckte sich zwischen der Sabine und dem Calcasieu-River und vom Arroya Hunda im Norden bis zur Mündung des Calcasieu im Süden. Es bildete seit 1806 die Grenzlinie zwischen den spanischen und amerikanischen Besitzungen. Das Land war herrenlos, etwaige Bewohner gesetzlos. Das zog allerlei Gesindel an, und die Gefahr für den geschäftlichen Verkehr zwischen der Sabine und Natchitoches war so groß, daß oft militärische Bedeckung von nöten war. (Davis l. c. p. 36.)

[6]) Die Tschirokesen bewohnten ursprünglich die Ufer des Koosa-River im heutigen Alabama; sie wanderten später nach Arkansas aus; ein Teil schlug sich nach Texas und wurde eine Landplage für die Gegend.

[7]) Die Kichis lebten im östlichen Texas und waren ein schlaues, listiges Volk, von allen verachtet und gehaßt. (Brown, l. c. p. 15.)

3. Kapitel. [8]) Diese und die folgenden ethnographischen Schilderungen sind entnommen dem bedeutenden Werke G. Catlin,

Letters and Notes on the Manners, Customs, and Conditions of the North Amerikan Indians. 2 vol.

5. Kapitel. [9]) Die texanische Missionsgeschichte umfaßt zwei große Perioden: eine ältere von 1689—1839, und eine neuere vom Jahre 1839 ab. Die ältere Periode beginnt mit dem Jahre 1689, dem Zeitpunkt der ersten spanischen Kolonisationsversuche in Texas, und bis 1764 waren es hauptsächlich Franziskanermissionäre aus dem Missionskolleg von Queretaro, welche in Texas arbeiteten. Von 1764—1825 trat das Kolleg von Zacatecas in die Arbeit ein. Die traurigste Zeit in kirchlicher Beziehung ist eben der vorliegende Zeitraum unserer Erzählung. Besser wurde es, als 1847 die Diözese Galveston errichtet wurde, und 1849 die Oblatenmissionäre das unterbrochene Missionswerk wieder aufnahmen. Seine Erlebnisse aus diesen Zeiten schrieb der um das texanische Missionswerk hochverdiente P. E. Parisot, O. M. J , nieder in seinem Buche: The Reminiscences of a Texas Missionary. San Antonio.

10. Kapitel. [10]) So die Toncahuas am Guadalupe- und Lavacca-River; die Caranuahuas an der Golfküste; die Caddos am Red- und Trinity-River; die Wacos und Tehuacaios am Brazos; die Quanamas und Qualques in der Gegend von Goliad u. s. w.

[11]) Ihr Gebiet grenzte im Osten an die Cooschatties, Wuskogis und Alabamas, die aus dem heutigen Alabama eingewandert waren; im Nordwesten an die Addays.

12. Kapitel. [12]) Wir bringen die wortgetreue Übersetzung dieses Briefes aus der History of the Catholic Church 2c. p. 55.

Zeitfracht Medien GmbH
Ferdinand-Jühlke-Straße 7
99095 Erfurt, Deutschland
produktsicherheit@kolibri360.de